AF451148

EL VERSO Y LOS HADOS

ASENSIO LIARTE

EL VERSO Y LOS HADOS

EXLIBRIC

ANTEQUERA 2021

EL VERSO Y LOS HADOS
© Asensio Liarte
Diseño de portada: Dpto. de Diseño Gráfico Exlibric

Iª edición

© ExLibric, 2021.

Editado por: ExLibric
c/ Cueva de Viera, 2, Local 3
Centro Negocios CADI
29200 Antequera (Málaga)
Teléfono: 952 70 60 04
Fax: 952 84 55 03
Correo electrónico: exlibric@exlibric.com
Internet: www.exlibric.com

ISBN: 978-84-18730-49-8
Depósito Legal: MA-504-2021

Nota de la editorial: ExLibric pertenece a Innovación y Cualificación S.   L.

ASENSIO LIARTE

EL VERSO Y LOS HADOS

A mis queridos amigos, quienes han influido en mi decisión de dar a conocer mis pensamientos versificados. Muchas gracias a todos por su amable insistencia, así como por leer los humildes escritos de este amante de la literatura. Nunca podré llegar a agradecéroslo bastante.

EL AMOR

Es el amor verdadero
lo más antiguo del mundo,
pues siendo un amor sincero
es el amor más profundo.

Existe el amor filial,
el que sienten los hermanos.
Es amor muy especial,
el que anima a los humanos.

Está el amor pasional,
que es el amor más fecundo,
distinto al amor filial.
Este es el que mueve este mundo.

Cuando alguien se enamora
entra en estado de trance.
Una fuerza arrolladora
hace aflorar el romance.

Siempre ha existido un amor
minoritario y distinto,
un amor con el dulzor
de las pasas de Corinto.

Amor entre dos personas,
que por eso es especial.
Aquí mandan las neuronas,
amor homosexual.

Hay amores extrahumanos,
amores excepcionales.
Son amores muy mundanos,
amor por los animales.

Siendo el amor más sublime
que existe sobre la tierra,
este es aquel que redime,
amor que una madre encierra.

Olvidaba el desamor,
este es el amor opuesto,
un amor desolador,
el amor que yo detesto.

EL BUEN GUAJE

Se llama Víctor Manuel
y Posada de apellido.
No trabajó en el Musel
porque a Madrid se había ido.

Lo conocí en La Coruña;
fue a resolver un problema
y, como el que una espada empuña,
cortó de un tajo el edema.

Él en Asturias nació,
allá en la cuenca minera.
Allí su oficio aprendió
en medio de vida austera.

Hasta donde yo me sé,
los clientes lo apreciaban.
Era eficiente per se
y a él lo solicitaban.

Cuando él al tajo llegaba
ya lo estaban esperando.
Toda la gente pensaba
que era don solucionando.

La verdad es que resolvía
gran cantidad de problemas
y la clientela decía
que lo quería en sus cadenas.

Las cadenas de montaje
de la industria del motor,
los problemas de ensamblaje.
En su actuar, el mejor.

Como persona, excelente;
con vivo genio y figura,
defensor hasta la muerte
de una eficiencia segura.

No aguantaba a los gandules,
ni a los vagos vividores,
ni a los cretinos azules,
ni a los taimados traidores.

Detractores los tenía,
como suele suceder,
pues le tenían manía
por su recto proceder.

Para mí fue una gran suerte
a él en mi equipo tenerlo.
Lo defendí hasta la muerte
por no querer yo perderlo.

Y este es parte del bagaje,
escrito con gran tropel,
de un honrado amigo guaje
llamado Víctor Manuel.

EL PÉRFIDO CARADURA

Si todos fueran honrados,
tanto como un ermitaño,
seríamos salvaguardados
todo el día y todo el año.

La honradez es relativa,
cada cual la que conviene.
Cada uno la mantiene
según convenga a su vida.

Yo no puedo discernir
quién será mejor persona,
si será el que en su vivir
a su prójimo perdona.

Pero como colofón
he de decir que prefiero
a un médico farfullero
que a un político mangón.

LA LLUVIA

En marzo ha llovido mucho,
en abril también lo hace,
contento se encuentra el rucho,
también la vaquilla pace
y retoza y salta el chucho.

Parece que el trigo crece
por doquier y sin ambages,
a mí bien me lo parece.
Del trigo vendrán los haces
y es lo que el pueblo merece.

Son tierras de pan llevar,
como se dice en Castilla,
pues al trigo cosechar
sigue la gran maravilla
de los panes hornear.

Viva el pan que nos da vida,
viva el sufrido labriego,
viva la mies conseguida,
viva el bravo lebaniego
con su limpia frente erguida.

LA CARTA

La carta es papel escrito,
llamada también misiva.
Tiene un valor exquisito
para el receptor, lo admito,
y también para el escriba.

De la carta yo conservo
dentro, muy dentro de mí,
un indeleble recuerdo
con más valor que un rubí.

Ahora la carta es historia
tal como antaño existía,
pero sigue en la memoria
de todo aquel que escribía.

Las nuevas tecnologías
a la carta arrinconaron
y a fe que la relegaron
a grandes minusvalías.

Con «Facebuc» y el «Guasap»
tenemos dos soluciones
con las que comunicar
todas nuestras intenciones.

Qué emoción, qué sobresalto
cuando una carta llegaba.
El corazón daba un salto
si era carta de la amada.

Pues el hombre también era
objeto de la emoción
cuando carta recibiera
venida por avión.

Y no te quiero decir
el valor tan importante
de una carta recibir
escrita por el amante.

En este caso es verdad
que el género da lo mismo.
Lo que importa es la bondad
que hace frente al cataclismo.

Puede ser hombre o mujer
el que la carta recibe.
Siempre es el mismo placer
el que su mente concibe.

La carta también tenía
una misión especial
cuando la carta venía
de aquel, tu país natal.

Estaba la carta urgente,
que casi siempre traía
la noticia impertinente
que la vida ensombrecía.

Hay una carta esperada,
a veces con impaciencia.
Es una carta añorada
que nos habla de una herencia.

Hay otra carta que nunca
recibir nadie quisiera.
Es aquella que te anuncia
el amor que se perdiera.

Cuando el hijo está en el frente,
mucho es su carta esperada
por la madre que se siente
por su hijo abandonada.

Hay una carta oficial
con una sorpresa oculta.
No es una carta normal,
esconde dentro una multa.

La carta no deseada,
de contenidos funestos,
es la carta malhadada,
la de pagar los impuestos.

También recibimos cartas
de farragosas lecturas,
pues no son simples pancartas.
Estas son las de facturas.

Cartas que ya no nos llegan,
pues son cosas del pasado,
y los modernos alegan
que este mundo ha cambiado.

Tal vez sea lo adecuado
aceptar la situación.
Yo me siento anonadado
y no cambio de opinión.

La carta yo reivindico,
de belleza indiscutible,
pues la carta es preferible
a ese Twitter tan cortico.

Cuando una carta leía
avanzaba con fruición,
pues la carta me traía
indescriptible emoción.

No me importaba que fuera
una carta alegre o triste.
Es igual de quién viniera,
pues la emoción siempre existe.

Tenemos, pues, otras cartas
que no se envían por correo.
Con tus manos las repartas,
pues son cartas de recreo.

Se utilizan en los juegos,
son los llamados de azar.
No son aptas para ciegos
y suelen arruinar.

Una carta portentosa,
que no es ninguna mandanga,
es la carta milagrosa
que está escondida en la manga.

Los tahúres la manejan
con maestría infinita.
Sobre la mesa la dejan
y al contrario lo despista.

Hay también un viejo dicho
de resultado presunto,
cartas que no son capricho:
las cartas en el asunto.

Si tú quieres mi consejo,
cuando el juego tú repartas
nunca seas el pendejo
que siempre enseña sus cartas.

Y recuerda lo que dije,
no imites al oso panda,
pues tu suerte yo predije
con carta oculta en la manga.

Hay más cartas, no lo dudo,
que aquí yo no especifico.
Mi ignorancia yo no eludo,
mi saber no magnifico,
pero el tema es macanudo.

LA DEHESA

Bonita Naturaleza,
espléndidos animales
los que habitan la dehesa
de encinas y alcornocales.

Supón que es Extremadura
este frondoso paisaje.
Naturaleza tan pura
tiene un antiguo linaje.

No me resulta halagüeño
ver como su gente emigra,
pues a pesar de su empeño
su tierra así los denigra.

Algún día llegará
en que esta tierra despierte
y allí resplandecerá
como cerezos del Jerte.

Me dicen que no es posible,
que el problema es de sus gentes
y lo único factible
es hacerse dependientes.

Mi colega no se explica
cuáles son los motivos
para que en tierra tan rica
no se cuide a sus nativos.

Por fortuna, cada poco
nacen más nuevas empresas,
poniendo muy bien el foco
afuera de las dehesas.

Mas no se debe olvidar
que la tierra es generosa
y permite cultivar
la vid y la bella rosa.

Su jamón de pata negra
se encuentra entre los mejores
y en el comercio se integra
sin complejos ni rubores.

LA DEUDA

La deuda, concepto duro,
es la lacra de la Tierra.
Necesario es un conjuro
que, derribando este muro,
nos aleje de esta guerra.

En mi modesta opinión,
arreglo tiene el entuerto
y encontrar la solución
es resucitar al muerto.

Cada quien le debe a otro;
ese otro, a otro más,
resultando que al final
no pagaremos jamás
y seguirá el alboroto.

Todos los países tienen
su deuda viva y creciendo.
Con más deuda se sostienen
y así se van manteniendo.

La situación es global,
es un círculo vicioso.
La solución es mortal
como el abrazo del oso.

Como suele suceder,
todos queremos cobrar,
pero ¿cómo resolver
si nadie puede pagar?

Y si A le debe a B
y también B debe a C,
al final lo que se ve
es que Z debe a A.
¡Pardiez! Lo solucioné.

Si la deuda se condona,
nadie tendrá que pagar
y así se podrá llegar
a que todo se perdona.

Veamos el caso de España,
cien por cien de su PIB.
Deuda que come su entraña
y nunca podrá devolver.

Nos comen los intereses,
la deuda sigue creciendo
y van pasando los meses
y el lío sigue in crescendo.

Comencemos, pues, de cero.
Nadie se podrá endeudar.
Cada cual con su dinero
se tendrá que manejar.

Los grandes acreedores
son países industriales
que prestan a los más pobres,
que compran sus materiales.

Para seguirles vendiendo
algo deberán hacer,
compartir su dividendo
y el comercio ennoblecer.

Pero el caso no es tan simple.
La solución que yo apunto
como música de timple
me suena a mí en este asunto.

Todos queremos tener
cosas igual que el vecino.
Imposible es mantener
el desarrollo del chino.

Dentro de muy poco tiempo
seremos diez mil millones.
Yo me daré por contento
si se evitan los ladrones.

Si todos queremos ser
como son los australianos,
difícil permanecer
al nivel de americanos.

¿Consumir es la receta?
Requiere muchas materias.
Nos matarán las miserias,
pues solo hay un planeta.

Pues ¿qué podemos hacer?
¿Mantener las diferencias?
Repartir lo que tenemos
o confiar en las ciencias.

En cualquier caso, señores,
esto es una reflexión
que, expresando mis temores,
está exenta de pasión.

Ya sé que suena a quimera
y qué le vamos a hacer,
pues es esta una manera
de expresar mi displacer.

Ya no debo dar más pistas,
no se vayan a enfadar
los sabios economistas
que saben cómo acabar.

LA DIMISIÓN

Nos dijo que se quedaba,
que ella no se iba a ir.
Fue la suerte malhadada
que la obligó a dimitir.

Otro caso ha eclosionado,
va por el mismo camino.
También dice: «Yo no cedo».
A ver qué dice el destino.

Mintiendo se soluciona
el tan enconado entuerto,
pero todo evoluciona,
pueden tenerlo por cierto.

Creo que la ha mirado un tuerto
y la verdad no perdona.
Se la llevarán al huerto
o quizá hasta chirona.

Quien perdió sigue expectante,
pues él quiere hincarle el diente
al odiado contrincante
y si el otro se lo consiente.

Parece que pintan bastos,
pues la justicia interviene
con resultados nefastos
para el que la culpa tiene.

Todos los medios afines
apoyan al gran patricio
hasta cantando maitines
en su propio beneficio.

La cátedra me parece
que es un filón de enchufados,
pero allí lo que acontece
es que es tierra de cuñados.

Esto, si es lo que nos dicen,
tiene una pinta fatal.
Puede que los penalicen
por delito electoral.

Baraka tienen algunos,
esto parece de chiste.
Los enchufes oportunos
dan al canario su alpiste.

Me apuesto lo que tú quieras
a que, como livianas pajas,
esta mezquina quimera
queda en agua de borrajas.

LA ESCASEZ

Tú sabes que no te quiero,
pues sé que te estás gastando
gran cantidad de dinero
en cosas de contrabando
que vienen del extranjero.

Sabes que no somos ricos,
pues no tenemos dinero
ni en la hucha de los chicos,
ni dentro de un agujero,
ni en lo alto de los picos.

Cuánto lo siento, cariño,
el no poderte querer.
No me hagas ningún guiño,
pues lo que debes hacer
es buscarte otro pardiño.

Si no te gusta esta casa,
donde el dinero es poquico,
donde la pasta es escasa,
pues márchate a Puerto Rico.

La eterna Andalucía

ALMERÍA

Conocida fue Almería
por su pobreza ancestral.
Ahora nadie lo diría
que aquella tierra baldía
se convirtió en ejemplar.

Fueron sus minas de oro,
sitas en Rodalquilar,
una riqueza que el moro
siempre supo aprovechar.

El mar sirvió de sustento
a las familias costeras.
Peces fueron su alimento
y sus comidas primeras.
Principios del siglo veinte,
la gran hambruna invadió
y, si la historia no miente,
la inmigración los salvó.

Hoy las cosas cambiaron,
la horticultura prospera.
La hortaliza y la verdura
dejan de ser aventura,
siendo actividad puntera.

Almería, la pobre aislada,
solo a Murcia estaba unida,
y hoy está comunicada
por aire y por autovía.

Hace años que es el mármol
extraído en Macael
como los frutos de un árbol,
y blanco el de Olula es.
Me estoy refiriendo al mármol.

El turismo hoy la elige,
sus playas hermosas son,
y no encontrarás quien dice
que la tierra que Dios bendice
es más pobre que un ratón.

Aguadulce con Roquetas,
Vera y Garrucha son zonas
que si eres turista respetas
como el niño a las palomas,
como el agua a las macetas.

Los llaman el mar de plástico,
extensos invernaderos.
Este es un hecho fantástico.
Sin duda, son los primeros
por su proceder didáctico.

Han sabido aprovechar
la oportunidad que brinda
desalar agua del mar
para sus predios regar
y ostentar huerta tan linda.

La llaman huerta de Europa
por proveer de verduras,
que las crían en estopa
y cuando ya están maduras
las consume hasta la tropa.

Mientras el norte se hiela,
son de aquí las hortalizas.
Gustan a la clientela,
pues son sanas y macizas,
tersas como una mozuela.

Pueblos de las Alpujarras
tú los debes visitar.
En ellos puedes comprar
las jarapicas de marras
y en sus calles pasear.

No me digas que Almería
es como una cenicienta.
Es tierra de gran valía
que labora cada día
y desde que el sol alienta.

CÁDIZ

Tacita de Plata
la llaman sus habitantes.
Todo el que va se percata
de sus muchos veraneantes.

Los fenicios la fundaron
hace ya unos tres mil años.
Perdura lo que dejaron
para los propios y extraños.

Zona de mar importante,
fronteriza con Marruecos.
Solo el soplar del levante
no les complace a los suecos.

Importantes astilleros,
militares y civiles,
construyen barcos guerreros
contra enemigos hostiles.

El llegar a la ciudad
era una enorme tardanza.
La solución de verdad
la dio el puente de Carranza.

Tiene una base naval
mediterránea y atlántica,
la cual sirve de portal
a una bahía tan romántica.

Y si de bases hablamos,
Rota lo es de gigantes.
Base que también usamos
compartida con los yanquis.

Sus famosos carnavales
son únicos en España.
Para que fueran legales
se valieron de artimaña.

Como ciudad marinera,
Cádiz ha marcado un hito
y por eso es la primera
haciendo el pescado frito.

También son algo especial
dos factorías importantes,
y allí es donde ven la luz
para la industria de Airbus
piezas muy significantes.

Una de ellas está en Gades;
la otra, en Puerto Real
y, como tú tal vez sabes,
producen buen material.

Y recordando su sierra
están sus alcornocales,
a los que la madre tierra
otorgó amplios avales.

Recordar sus pueblos blancos
es sublime obligación.
Con sus valles y barrancos
son toda una bendición.

Quiero hablar de Grazalema,
récord de lluvia en España.
Su pinsapar es emblema
de cualquier cerro o montaña.

Tenemos vinos famosos,
estos son los de Jerez,
que los ingleses tramposos
desearon absorber.

La manzanilla es divina,
el emblema de Sanlúcar.
Langostinos o sardinas
son más buenos que el azúcar.

El padre Guad-al-quivir
fluye por su tierra entera
y el mismo viene a morir
a Sanlúcar marinera.

Playas tiene esplendorosas
en todo su litoral
y hay razones poderosas
en su sin par carnaval.

Es el puerto de Algeciras
base de contenedores.
Él está entre los mejores.
Son verdades, no mentiras.

Factoría del acero,
del acero inoxidable,
en Europa es la primera,
una empresa formidable.

El complejo Sotogrande,
el más lujoso de España,
su gran poderío blande
como de iglesia espadaña.

Solo tiene dos problemas,
uno antiguo y doloroso
de magnitudes extremas:
el paro tan extremoso.

El segundo y principal
es el asunto polémico
de «la Roca» Gibraltar,
convertido ya en endémico.

Si quieres gozar, sin duda
a Cádiz has de venir.
La comida es macanuda,
tú ya no te querrás ir.

CÓRDOBA

Es Córdoba la sultana
antigua luz de Occidente,
tierra que fue soberana
y de una muy sabia gente.

Y cree la gente llana
que en un próximo presente
ella volverá mañana
a ser faro de Occidente.

Su mezquita es un ejemplo
del esplendor que un día tuvo,
siendo este el grandioso templo
que al islam ella sostuvo.

Decir Medina Azahara
es hablar del gran amor
que Abderramán profesara
a una mujer superior.

Del Alcázar hablaremos,
el de los reyes cristianos,
pues, como todos sabemos,
lo hicieron los artesanos.

Julio Romero de Torres,
pintor de bellas mujeres,
pues más que a las altas torres
él amaba a los placeres.

Y los patios cordobeses
son una gran maravilla,
y al no durar muchos meses
mimarlos debes, chiquilla.

Anuncian la primavera
y, si los encuentro a mano,
visitarlos yo quisiera
antes que llegue el verano.

El padre Guadalquivir
su corazón atraviesa.
Difícil es discernir
cómo hallar mayor belleza.

Hubo un torero famoso,
nacido en la capital,
que por destino fatal
dejó su vida en un coso.

Tierra de calor y frío,
es el su clima extremoso,
pero hay que admirar su río
y al Brillante, tan hermoso.

Son sus campos asombrosos,
pues dan cosechas sin par.
Sus naranjos son rumbosos,
así como su olivar.

Zona Montilla-Moriles,
famosa tierra de vinos.
Hay dentro de sus barriles
los caldos más genuinos.

Palma del Río y Posadas
son dos bellas poblaciones.
Gentes nobles y pausadas,
gentes de buenas acciones.

Mi amiga Rosa allí vive.
Le deseo que sea feliz,
pues, aunque no es el Caribe,
se intuye el Guadalquivir.

Almodóvar yo te digo,
su castillo es maravilla
y es de esta tierra un amigo
de nombre Adolfo Castilla.

Su valle de los Pedroches
alberga estirpes porcinas.
Se alimentan en las noches
en las dehesas de encinas.

Su pata negra es famoso
y exquisito al paladar.
Todo gourmet talentoso
lo tiene que degustar.

El pueblo de Peñarroya,
gran productor de carbón,
en su tiempo fue una joya.
Lo cerró la polución.

Cordobés mi amigo Pino,
hombre cabal y admirable.
Tiene un cortijo divino
de encinas, muy respetable.

Yendo para Peñarroya
el tal cortijo embelesa
y me apuesto una centolla
a que allí nadie se estresa.

Puente Genil y el membrillo
van unidos de por vida.
Si viviera el Tempranillo,
esta sería su comida.

Existe un pueblo hacendoso
en el terreno industrial,
con desarrollo asombroso
que pasa de lo normal.

Lucena el pueblo se llama
y este es momento y lugar
para mantener la llama
que tanto lo hace brillar.

Y no quiero terminar
sin dejar de dar el dato
que el agua de cocinar
es la del Guadalmellato.

Cordobés y hombre de bien,
dice la gente ignorante,
ambas dos no pueden ser.
Yo le respondo al instante:

el cordobés es un ser
más noble que un almirante
y, como se puede ver,
cae muy bien al instante.

GRANADA

Granada, tierra grandiosa,
a ella tienes que venir.
Es luminosa y hermosa,
donde existe mucha cosa
que te puedo describir.

Empezaré por la Alhambra,
monumento universal
donde el jardín se desangra,
ofreciéndole una zambra
al turista ocasional.

Albaicín y Sacromonte,
donde el flamenco es un arte.
Allí Pitingo el de Almonte
es a veces juez y parte.

Las ciencias tienen su base
allí, en su universidad,
una institución con clase
y excelente calidad.

La creó Carlos primero,
ya tiene quinientos años.
Es cuidada con esmero
por propios y por extraños.

De Farmacia Facultad,
donde hizo la carrera
mi cuñado el de Morón,
don Amando Ortega Herrera.

Dos ríos le dan la sangre
para poder subsistir,
ninguno de ellos es grande,
son el Darro y el Genil.

Sierra Nevada es enorme,
el Veleta la corona
y es su pista de renombre
la que a su vega se asoma.

Tiene una estación de esquí,
la de más al sur de Europa,
y se disputa aquí
de esquí su famosa copa.

La vega que antes menciono
es la bendición de Dios.
Por eso la promociono,
pues aquí no hay tres sin dos.

La sierra en su cara sur
alberga las Alpujarras,
en donde el moro Al-Mansur
dicen que perdió las arras.

Inmediatamente vemos
el viejo Mediterráneo,
donde es fácil que encontremos
un prolongado verano.

Sus cultivos tropicales
y sus playas excelentes
son razones especiales
para ensanchar nuestras mentes.

Me encantan las chirimoyas
cultivadas en sus huertos,
pues son verdaderas joyas
resucitando a los muertos.

En tiempos no tan lejanos
plantaban caña de azúcar
y por medios no artesanos
preparaban las manducas.

Motril es puerto importante,
es el puerto de Granada,
y cualquier barco mercante
viene en cualquier temporada.

Lanjarón, gran balneario
desde tiempos muy lejanos,
y por tema dinerario
él pasó por varias manos.

Su manantial es perenne;
su caudal, fenomenal.
Mana el agua, que se vende
como agua mineral.

Sus minas de plomo y blenda
antaño las explotaron
aunque ya nadie lo entienda.
Ellos las abandonaron.

En Órgiva se encontraban,
propiedad de Peñarroya.
Buenos beneficios daban,
hoy son solo una memoria.

Su grandiosa catedral,
donde los más melancólicos
decidieron enterrar
a nuestros Reyes Católicos.

Ellos fueron los autores
de la toma de Granada.
Forzaron a Boabdil
a huir a la desbandada.

Del rock es representante
y aunque es mayor tiene bríos,
también calidad bastante.
Él se llama Miguel Ríos.

Cantaor bueno y decente,
de gran personalidad
y excelente calidad.
Este fue Enrique Morente.

Una familia especial
que en Granada creó escuela.
Son gente fenomenal.
Estos son los Habichuela.

Él fue Mike en sus comienzos;
ahora se llama Miguel
y podría estar en los lienzos
del mismito Rafael.

Antes ya lo mencioné,
en el rock brilló con bríos
y aquí ningún otro fue
que el inmortal Miguel Ríos.

Lorca, poeta famoso,
Federico se llamó,
pero un día tenebroso
alguien su vida segó.

Y nunca apareció el cuerpo
del poeta asesinado.
Aseguran que en su huerto
está escribiendo sentado.

Fueron negras las conciencias
de aquellos que lo mataron.
Quemaron sus pertenencias
y a tiros lo remataron.

Quiera Dios que tales hechos
no vuelvan a suceder.
Respétense los derechos
del hombre y de la mujer.

Este relato, señores,
no es un relato exhaustivo.
La libertad y los amores
mantienen al hombre vivo.

HUELVA

Huelva y su entrañable Conquero,
tierra de mar y de sierra,
donde se funde la tierra
haciendo olvidar la guerra.

Hace ya quinientos años
que arrancó la acción quimérica.
Desde puertos aledaños,
con los mayores redaños,
Colón partió para América.

Tres carabelas mandaba,
cascarón eran sus barcos
y nadie entonces pensaba
que atravesarían los charcos
de mar tan remota y brava.

Muchas riquezas trajeron
de tan remota región.
Casi todas se invirtieron
en salvar la religión.

Hoy de sobra es conocido
el resultado final
y ampliamente es discutido
un hecho tan colosal.

Otros, en cambio, supieron
aprovechar la ocasión
y las riquezas robaron,
rapiñando el galeón.

Explotaciones mineras
son desde tiempos lejanos.
Ellas fueron las primeras,
vertiendo el oro en las manos
de las familias primeras.

Y dicen que los fenicios
descubrieron río Tinto,
que fue solo con indicios
o tan solo con su instinto.

El río Tinto es estéril,
todos pensaban lo mismo,
y teoría tan débil
perdió su protagonismo.

Hoy es objeto de estudio
en las mineras terrazas,
ya que en su fluido turbio
de vida encontraron trazas,
creándose gran disturbio.

Están tratando de hallar,
por lo que al tema respecta,
si posible es encontrar
la vida en otro planeta
para en él aterrizar.

Sabrosos son los jamones
de Jabugo y aledaños.
Los producen a montones
a lo largo de los años.

Aracena la inmortal,
con su esplendorosa gruta
y el castillo medieval,
y que con ella disputa
belleza tan colosal.

El Rocío ha cobrado fuerza,
se ve desde el horizonte
y acaba con la tristeza
desde la aldea hasta Almonte.

Importante industria química
hay al borde de la ría
y dice la gente cínica
que no daña la bahía.

Tierra de gambas y chocos,
son en su justa medida.
Qué pena que haya tan pocos
de tan sabrosa comida.

Sus playas son excelentes
desde Huelva hasta Ayamonte,
adoradas por las gentes
desde su orilla hasta el monte.

El agua aquí es abundante,
pues las nubes del Atlántico
descargan agua bastante
y no es un decir semántico.

Un bosque muy singular
linda con Extremadura
y allí podemos hallar
naturaleza muy pura.

Alcornoques y castaños,
nogales y enormes robles
producen todos los años
frutos sabrosos y nobles.

Sus bosques son un derroche
de pinos con muchos años.
Son de diversos tamaños
los de los Picos de Aroche.

Acercarse a sus mercados
es delicioso espectáculo
al contemplar los pescados,
pues precios tan ajustados,
dignos del mejor cenáculo.

Es la industria de la fresa
reciente descubrimiento,
y es esta una fiel promesa
haga sol o sople el viento.

Requiere mano de obra
en enormes cantidades.
En su época no sobra,
valen todas las edades.

Y no me puedo olvidar
ni dejar para mañana
el hecho de mencionar
aquí el parque de Doñana.

Necesario es proteger
este trocito de Europa,
ya que debemos hacer
lo que fuere menester
para proteger la ropa.

No se puede consentir
que empresas como Boliden
hagan al parque sufrir,
dañando su porvenir,
y que estas cosas se olviden.

Dos amigos onubenses
oriundos del terreno.
Uno «dellos» Juan Moreno,
de Aracena, y tú no pienses
que no es un amigo pleno.

Paco Benítez, colega
que es difícil no apreciar,
pues él su amistad te entrega
sin recompensa esperar.

Hay un pequeño problema,
los malhadados mosquitos.
Siempre has de ponerte crema.
¡Dichosos bichos malditos!

Se merecen la condena.

Y aquí termina el paseo
por este trozo de España,
recordando lo que veo.
Si la vista no me engaña,
es causa de mi recreo.

JAÉN

Jaén es la Andalucía
donde la Mancha termina
y, aunque exista gran porfía,
su gente es de gran valía
en el campo y en la mina.

Alberga un gran olivar,
el más grande de la tierra.
Produce aceite sin par
allá en la Mágina Sierra,
donde lo puedes comprar.

Cazorla y Sierra Morena
son emblemas que impresionan.
Válgame la Macarena,
son dos sierras que emocionan.
Las dos merecen pena.

La Virgen Inmaculada
es dechado de belleza.
Por el pueblo es venerada
la Virgen de la Cabeza.

Al bajar de la meseta
cruzar hemos esos cerros
donde vive la gineta,
llamados Despeñaperros.

La gineta es un mustélido,
la cual trajeron los moros.
Aguanta hasta el tiempo gélido
y es más fuerte que los toros.

Santa Elena nos recibe,
pueblo que es el centinela.
En su centro hay un aljibe
que es propiedad de una abuela.

Para a este pueblo llegar
había una carretera
que en su parte norte era
cuento de nunca acabar.

En los inviernos el hielo
y a veces también la nieve
te hacían sentir un canguelo
que he de poner de relieve.

La Carolina enseguida
se presenta a nuestra vista.
Por un rey fue construida.
¿Quieres que te dé una pista?

Pues bien, fue Carlos tercero
quien la mandó levantar.
Del peligro bandolero
era un problema a salvar.

Su trazado es singular,
sus calles son paralelas
que delicia es pasear.
Son tan rectas como velas.

Antes de al pueblo llegar,
una contienda famosa
justo allí tuvo lugar,
en las Navas de Tolosa.

En una zona muy llana
hay un restaurante allí.
Por nombre tiene Orellana
y una excelente perdiz.

Un poco más hacia el sur
y girando a la derecha
dicen que el moro Al-Mansur
construyó una senda estrecha.

Esto puede ser verdad,
puede ser una pamplina,
pero el pueblo sí que está
y este es Baños de la Encina.

Su castillo medieval
se alza sobre una colina
donde el crudo vendaval
azota fuerte su cima.

No puedo olvidar Linares,
pueblo andaluz y minero,
y dice un refrán certero
que tres huevos son dos pares.

Gozó de gran esplendor,
tuvo muchos habitantes
y ahora se extinguió el fragor
de sus minas circundantes.

La fábrica de la Cruz
el dúctil plomo fundía,
pero se apagó su luz.
Ya mineral no existía.

También en La Carolina
floreció la minería,
pero murió la gallina
que tantos huevos ponía.

El plomo ya no es rentable,
está proscrito su uso.
Es un metal execrable,
excepto para el obtuso.

Las minas del Centenillo,
en su día tan importantes,
perdieron todo su brillo
por ser tan contaminantes.

Y aunque tú no te lo creas,
al noroeste hay un pantano
con agua para el verano
y este es el Tranco de Beas.

Tierra de aceituna pura,
donde crece el olivar.
No se me olvida nombrar
a las Beas de Segura.

Pueblo pintoresco y blanco
situado en plena sierra,
con fértil y buena tierra,
es Arroyo del Ojanco.

Y al hablar yo de la sierra
me refiero con ternura.
Es la que al pesar destierra
la de Cazorla y Segura.

Bellísimo parador
en Cazorla está ubicado.
Allí todo es un primor
por el viajero adorado.

Tengo un recuerdo especial
de una fábrica de aperos.
Estaba en Manca Real,
tenía la marca Torpedo.

Hoy la marca se mantiene,
pero ahora está en Andújar,
pues la misma fue vendida
a unos señores de Lújar.

Es Jaén la capital
de este antiguo reino moro.
Hoy tiene una catedral
que es verdadero tesoro.

Impresionante castillo
el que corona la cima.
El parador le da brillo
a la imponente colina.

Tiene Jaén dos ciudades,
las dos son una belleza
de estupendas cualidades,
que son Úbeda y Baeza.

Pueblo Torredonjimeno,
su impresionante cantera.
Pueblo bonito y ameno
en invierno y primavera.

La fábrica de cemento
se surte de la cantera.
Con su exposición al viento
es de Jaén la primera.

El clima es continental,
frío, y caluroso en los veranos.
Resulta fundamental
abrigarse bien las manos.

Escuela de minas tiene
y otra también de industriales
y su formación conviene
a técnicos especiales.

En esta escuela estudiaron
Romero Antonio y Sagrario.
Los dos licenciados fueron
con provecho extraordinario.

Hay un pueblo singular
donde existe una laguna
famosa como ninguna,
y el pueblo es Pegalajar.

Sus famosas hojaldrinas,
las que todo el mundo cata,
son muy buenas, son divinas.
Las hojaldrinas de Mata.

Bailén, la ciudad de relumbrón
por la famosa batalla
que perdió Napoleón,
el muy felón y canalla.

Y en su sierra de Cazorla
nace el río Guadalquivir,
río manso como una orla
que a Sanlúcar va a morir.

Guarromán, un pueblo y bueno,
donde es posible comprar
los hojaldres de Moreno,
de exquisito paladar.

Andújar, ciudad importante
al pie de Sierra Morena.
Su cocina es fascinante.
Ve, que merece la pena.

Villanueva de la Reina,
de aceite y de uva fina,
ni tiene brisa marina.

Seguro que yo me dejo
más cosas por describir,
pero me falta el gracejo
para las cosas decir.

MÁLAGA

Málaga, tierra especial
donde mi hija nació.
Malagueña natural,
pero Madrid al final
fue ciudad que la acogió.

Famosa, dulce y salada,
su costa es un si bemol.
Cuando llega la alborada
la gente, buscando el sol,
con la arena hace almohada.

Comienzo por Antequera,
ciudad importante y famosa.
Florece como una rosa
al llegar la primavera.

El Torcal y los tres dólmenes
hacen la ciudad importante.
Sus campos le dan los bienes
que la hacen tan pujante.

También olivares tiene
en el norte de sus campos.
Su gran fama los mantiene
a salvo de los quebrantos.

Son sus dulces la delicia,
la que todo el mundo aprecia.
Son fruto de la pericia,
del azúcar y la especia.

AVE Málaga-Madrid
tiene diez años cumplidos
y en esta unión está el quid
de muchos agradecidos.

En el cante dio famosos,
como flamenca que era,
y ella nos dejó sus posos,
la gran Niña de Antequera.

Ahora ya está conectada
en todas las direcciones,
con autovías orientadas
hacia todas las naciones.

Torrox y Torre del Mar
son ciudades futuristas.
Crecieron para albergar
a los propios y a turistas.

El Palo tiene solera
como una zona importante
y su población te espera.
¡Ven con dinero abundante!

Su zona subtropical,
la que linda con Granada,
produce fruta especial
por todo el mundo apreciada.

Mangos, uva y aguacates
con una gran nombradía.
También produce tomates
la zona de la Axarquía.

Sus vinos dulces de pasa
son algo tan especial
que hasta un mismo mariscal
los lleva para su casa.

Ahora viene a mi memoria
un pueblo con mucho brío,
con sus playas de tronío,
el Rincón de la Victoria.

Cerca de Málaga está
el sin par Torremolinos,
que a la Carihuela da
turistas suecos broncíneos.

Un monumento hay que hacer
a su producto exquisito,
pues delicioso es comer
el buen «pescaíto» frito.

Mención especial merecen
victorianos y coquinas,
pero nada desmerecen
los espetos de sardinas.

Es Puerta Blanca un gran barrio
con bastante pedigrí
y es, sin ningún desagravio,
el barrio en que yo viví.

Sin más chanza ni discordia
yo te lo quiero decir,
que hermosa playa hay allí,
la de la Misericordia.

Me emociono al recordar
lo bien que yo lo pasaba
y allí es donde se bañaba
mi hija María del Mar.

Sin duda, felices fuimos
con mi mujer y mi hija,
pero justo a los tres años
hube de hacer las valijas.

En Málaga aquellos años
tres amigos yo dejé.
Hacíamos nuestros apaños
para obtener el parné.

El parné, tan necesario
como el abuelo a los nietos
para aquello extraordinario,
los fabulosos espetos.

Miguel y los dos Antonios,
nobles como el caramelo,
y dicen los testimonios
que dos están en el cielo.

La amistad sigue existiendo
con los antiguos afectos
y nos vamos reuniendo
para tomar los espetos.

Miguel es ese gran tipo
cuya amistad se desea,
honrado como un bendito,
eterno cual la marea.

Antonio, Miguel y Antonio,
ejemplo para sus hijos,
pues ellos capaces fueron
de sortear los maleficios.

Crearon su propia empresa
con éxitos importantes,
poniendo sobre la mesa
tesones de los de antes.

Fueron buenos navegantes
por su honradez y nobleza,
muy eficientes «currantes»
con pundonor y grandeza.

Por humano imperativo
y culpa de los demonios,
de este mundo ya se han ido
mis dos amigos Antonios.

Otro amigo aquí yo tengo
y, aunque en Albox fue nacido,
malagueño de abolengo
porque aquí tiene su nido.

José se llama de nombre,
Pepe para los amigos,
y además Giménez Soria,
que es hombre sin enemigos.

Málaga, feria de agosto
que compite con Sevilla
y con traguitos de mosto
la hacen una maravilla.

Sus procesiones son épicas
y constan de enormes tronos,
y dicen sus mayordomos:
«Son mejores que las béticas».

El oeste, hacia Algeciras,
tiene grandes poblaciones
y en Marbella, la que admiras,
hay dineros a montones.

Puerto Banús, qué delicia.
Allí puedes encontrar
al rico espectacular
y hasta al narco de Galicia.

Mijas, pueblo en la montaña,
sin duda hay que visitar.
Es el orgullo de España
y allí te puedes quedar.

Ronda, tierra de toreros,
que la supieron aupar;
y también de bandoleros,
maestros en el robar.

Coso taurino emblemático
de las corridas goyescas,
espectáculo fantástico
para las taurinas fiestas.

El Tajo de Ronda fue
excavado por el agua
y dice el pueblo calé
que Undivé forjó en su fragua.

No tiene ríos caudalosos
ni tampoco muchas aguas,
mas tiene cielos hermosos
como sedosas enaguas.

De nuevo he de mencionar
los espetos malagueños,
una enseña nacional,
asados con buenos leños.

Málaga, la capital,
es una ciudad elegante.
Sus mujeres son hermosas
y de belleza exultante.

La alcazaba es una herencia
que los moritos dejaron.
Si tienes tiempo y paciencia
verás lo que otros amaron.

Lo que fue tabacalera
es hoy un ejemplo andaluz.
Visítalo a tu manera
y también el «Pompidú».

Su puerto es muy importante,
atracan grandes cruceros.
Si del mar eres amante
haz como sus marineros.

Personaje universal,
icono de la pintura,
fue pintor excepcional
con un gramo de amargura.

Él en Málaga nació
y pronto ocupó un espacio.
Como pintor ejerció
y fue Pablo Ruiz Picasso.

En Málaga hay un museo
donde parte de su obra,
más algún que otro trofeo
que este museo recobra.

Por su orientación política
hubo de huir con premura,
salvándose de chiripa
de la horrible dictadura.

Desde entonces él juró
que a España no volvería
y en la Francia se exilió
y él allí se extinguiría.

Hoy mucha gente cree
que este pintor es francés,
mas la fama que posee
viene justo de un traspié.

Y también los catalanes
lo quieren asimilar,
teniendo para ello planes
para su obra adoptar.

La verdad es que su museo,
sito justo en Barcelona,
yo lo digo, y no bromeo,
pues su importancia apasiona.

En Málaga también la Thyssen
ha instalado allí un museo
y las malas lenguas dicen
que así colmó un gran deseo.

De Málaga me despido,
donde feliz yo viví.
Mis amigos yo no olvido,
incluso a los que perdí
y todos los días revivo.

SEVILLA

Por fin le tocó a Sevilla,
la capital autonómica.
Esta es una maravilla
y no te extrañe, chiquilla,
que además sea la económica.

Sevilla, ¡qué maravilla!
Tal vez a ella la hizo un dios
esplendorosa y sencilla,
pues como ella no hay dos.

Calle Sierpes en Sevilla,
la calle donde la vida
transcurre lenta y tranquila.
Es la aorta de esta villa.

Procesión de Viernes Santo,
un subidón del fervor
que, sin dolor ni quebranto,
es un dechado de amor.

La Macarena es hermosa,
muchísimos la veneran
y otras su fervor quisieran,
pero esto es otra cosa.

La Esperanza de Triana
compite con la anterior.
Como la dulce manzana,
todos quieren su sabor
por su belleza y su fama.

Impresionante el Cachorro,
el Cristo de los Gitanos.
Aquí todos son hermanos
en el perpetuo socorro
que lleva a Dios en sus manos.

El padre Guad-al-quivir
va entre Sevilla y Triana.
Calle Betis es su hermana;
la gente noble y sana
la escogió para vivir.

Desde la orilla del río,
del río Guadalquivir,
se ve la Torre del Oro.
Es la que nos dejó el moro,
el llamado Al Mutamid.

También el Guadalquivir
engrandece la ciudad.
Y a Sevilla has de venir;
verás su grandiosidad
y ya no te querrás ir.

El mismo Guadalquivir,
que en Cazorla nace manso,
a Sanlúcar va a morir,
consiguiendo su descanso
tras un largo discurrir.

La Giralda, ay, la Giralda.
Yo no sé lo que decir.
Yo lo voy a repetir,
pues ya solo con mirarla
se acelera mi latir.

La catedral, grandiosa,
de las más impresionantes.
Por fuera esbelta y hermosa
y por dentro apabullante.
¡Qué cosa tan grandiosa!

Un edificio emblemático
es su bello ayuntamiento,
el su tallado cromático,
el que construyera un año
él, don Diego de Riaño.

El Alcázar, otra joya,
imposible no admirar.
Es más famoso que Troya,
no dejes de visitar.
Él fue admirado por Goya.

El patio de los naranjos,
anejo a la catedral,
perfuma en la primavera
toda la parte trasera
de un sitio tan especial.

Y es el patio banderas
en el que puedes entrar,
siendo su acceso sencillo,
para poder vislumbrar
los jardines de Murillo.

El barrio de Santa Cruz,
antiguo barrio judío,
hoy es sitio de tronío,
donde todo lo andaluz
se manifiesta con brío.

Y si hay algo que embelesa,
que no se puede evitar,
pescado frito comprar
allí, en la calle Pureza,
para tomarlo al cenar.

Repito la calle Betis,
con sus buenos restaurantes
y sardinas humeantes
para auténticos amantes
de este tipo de espaguetis.

Acércate al Altozano,
junto al puente de Triana,
a tomar pescado, hermano,
el martes por la mañana,
en invierno y en verano.

Viejo el puente de Triana,
el río por debajo pasa
y cuando le viene en gana,
lo mismo que una tartana,
lentamente se desplaza.

Hay otro puente famoso
entre los más sandungueros,
y al que alguien lo llamó
el puente de los leperos
y así el nombre se quedó.

El barrio de los Remedios,
donde les gusta vivir
a los que arriban a estos predios
y se pueden permitir
el vivir en estos predios.

El parque de María Luisa
no sé cómo describir,
en donde la suave brisa
a ti te va a convenir.
Te causará una sonrisa.

Plaza de España es un lujo,
producto de un gran evento.
Es la que la Expo produjo
y sigue siendo un portento
para el bello somormujo.

Hubo una Expo más moderna
el año noventa y dos.
Pretendiendo ser eterna,
se acabó en un tres por dos
como el agua sin cisterna.

La fábrica de cerveza,
su edificio es un encanto.
Bebida de gran pureza,
su nombre es la Cruz del Campo,
estandarte de grandeza.

Tiene un puerto marinero
aunque la mar es distante.
Barcos grandes y ligeros,
estos son barcos mercantes,
de carga y de pasajeros.

Su río con pretensiones,
las de convertirse en mar,
solo consigue llegar
donde van los camarones,
muy fáciles de pescar.

En el Archivo de Indias
hay miles de documentos,
mapas y otros elementos,
mil cosas que son muy lindas
como extremosos portentos.

Hay numerosos jardines
y todos ellos fastuosos
y hasta en sus mismos confines
todos igual de frondosos,
casa de los querubines.

Entre los que están en liza
hay uno muy especial,
y este es de forma esencial
el parque de María Luisa.
Visitarlo es primordial.

Sevilla playa no tiene,
pero cerca está la costa
y el sevillano a ella viene
a degustar la langosta
y a vivir allí se aviene.

Y cuando el río ganas tiene
los barcos sí que le llegan.
A veces subidas tiene
y sus riberas anega,
pero los peces mantiene.

Aquí Airbus fábricas tiene,
donde, además de hacer piezas,
monta grandes fortalezas,
el A Cuatrocientos Eme
y algunas otras lindezas.

También tiene la «Renol»
una enorme factoría,
donde no se pone el sol
ni de noche ni de día
en el su fabril crisol.

Su producción es notable,
cajas de cambio produce
con calidad homologable.
De los hechos se deduce
que es productiva y rentable.

En la dicha factoría
dedicó su esfuerzo pleno
en puestos de ingeniería
un hombre de gran valía.
Es mi amigo Juan Moreno.

El AVE llegó a Sevilla
durante la Expo-sición,
creando alguna rencilla,
mas fue el que le dio a Sevilla
definitivo empujón.

La oposición del momento
criticó el proyecto a muerte,
pero no hubo impedimento.
Sevilla labró su suerte
y así sigue hasta el momento.

Hay dos equipos rivales
que en el fútbol se destripan,
y dicen los menestrales
que las riñas se disipan,
pues son hechos puntuales.

Fastuosos monumentos
tiene esta bella ciudad.
Todos ellos son portentos,
ellos son su identidad.
Son realidad, no son cuentos.

En Sevilla mis amigos,
que son Amparo y Rogelio,
y los dioses son testigos
de lo mucho que los quiero,
más que la higuera a sus higos.

Soy padrino de su hija,
es mi ahijada María Amparo,
y mucho me regocija
el quererla sin reparo
como a la mi propia hija.

Esta es María del Mar,
aquí en Sevilla nació.
En julio quiso llegar
y qué alegría nos dio
a pesar del gran sudar.

Y fue la primera nieta
en ambas las dos familias.
Su madre estaba algo inquieta,
pero siguiendo una dieta
con todo te reconcilias.

Más amigos en Sevilla
y también tengo en Morón.
Todos son gente sencilla
a la que quiero un montón.
Su amistad me maravilla.

Cuñados Trini y Amando,
a los cuales mucho quiero,
y más con el tiempo andando.
Lo que digo es verdadero
y nada está cambiando.

Torre del Oro y Giralda,
Alcázar, plaza de España.
Sevilla no tiene espalda,
Sevilla nunca te engaña,
es bella cual esmeralda.

Son Santa Cruz y Triana
los dos ojos de Sevilla
en la noche y la mañana.
Son ambos la maravilla
de la noche sevillana.

Yo no me quiero olvidar
de recordar el tesoro
que yo especialmente adoro:
su increíble catedral
y su impresionante coro.

Siete años yo viví,
con mi ropa y mis valijas,
y en esta ciudad aprendí
a comer dulces torrijas.
De miel yo las preferí.

El año sesenta y nueve,
año del gran terremoto,
dijimos: «¡Todo se mueve!».
La gente corría, y en moto,
hasta pasadas las nueve.

Durante días y semanas
bastante gente acampó
en Aljarafe la llana,
pero ya no repitió.
No sé qué será mañana.

El mismo sesenta y nueve
el río se desbordó.
Estuvo llueve que llueve
y Sevilla se inundó,
pero no tuvimos nieve.

Fue, contrario al Tamarguillo,
sin desgracias personales,
mas no fue nada sencillo.
¡Aquello eran lodazales
y el agua llegó al altillo!

Como toda Andalucía,
Sevilla sufrió el castigo,
pues aquello parecía
un campo yermo y sin trigo,
castigo de profecía.

Y vino la democracia.
Los grandes terratenientes
propagaron la falacia:
«¡Confiscarán las simientes!».
Y esto ya no tiene gracia.

Puede que se hayan pasado
con los subsidios obreros,
pero se acabó el mercado
de los pobres jornaleros
trabajando en plan esclavo.

Dos personas importantes,
de la memoria me valgo.
Ellos son Antonio Vargas
y Juanma López Hidalgo.

Socios en la gran empresa,
referencia en su sector,
en su clase la mejor,
y esta se llama Torsesa.
Allí no hay otra mejor.

Yo los tengo en gran aprecio
y dentro de mi equipaje
como el artista al trapecio.
Se encuentra como homenaje
la mi admiración sin precio.

De Sevilla hay muchas cosas
que dejo sin describir,
pero no quiero aburrir
y obligatorio es partir
hacia tierras procelosas.

Voy a comenzar por Lora.
En ese pueblo viví,
en donde la gente adora
al río Guadalquivir,
que manso y sumiso mora.

Y Ciasa se llamó
su fábrica de ascensores.
Esta desapareció
y cuando otra la absorbió
se cumplieron mis temores.

La Sierra Norte es un lujo
que Sevilla se permite,
donde nada el somormujo
y siempre el calor remite
en la iglesia del cartujo.

Hay un pueblo fabuloso
que se llama Constantina,
y en el tórrido verano
es la vida allí divina
al frescor del avellano.

En Constantina me paro,
pues quiero tomar el fresco,
que es lo mismo que yo hago
en San Nicolás del Puerto
o en el rincón del vago.

En verano es un encanto,
te lo puedo asegurar.
Allí se duerme con manto,
lo cual no está nada mal,
pues se vive como un santo.

Los faisanes de esta zona
no son lo que todos piensan,
pues son las setas blasonas,
que a foráneos recompensan
y a muchísimas personas.

Secaderos de jamones
son allí muy importantes.
Los preparan a montones
y aun así no son bastantes
para los gourmets buscones.

Una ciudad carbonera
que está entre enebros y encinas,
auxiliar de cementera:
Villanueva del Río y Minas
y de su anexa cantera.

Carmona tiene su fuente
con catorce o quince caños.
Es lo que dice la gente,
a lo largo de los años
siempre mana impenitente.

Existen, pues, dos cazallas.
Una produce aguardiente,
que es Cazalla de la Sierra;
la otra es tierra de batallas,
pues de Cazalla es la Puebla.

Écija y sus siete torres
y muchos más monumentos.
Si tú vas y la recorres
verás todos sus portentos.
¡De tu mente no la borres!

Osuna, ciudad bella y señorial,
donde encontrarás vestigios
del pasado medieval,
su pequeña catedral
y sus extensos cortijos.

Marchena, Utrera y Lebrija,
Santiponce y Alanis
y Estepa con El Pedroso
son más que un grano de anís,
cuál de ellos más hermoso.

Y muy cerca de Sevilla
el castillo de las Guardas,
donde pagando en taquilla
puedes ver las avutardas
y también a la abubilla.

El bajo Guadalquivir
produce arroz en verano,
pero se dejó invadir
del cangrejo americano,
que al nuestro lo hizo morir.

Sevilla produce arroz,
casi el triple que Valencia,
la diferencia es atroz.
Sevilla es una potencia,
la diferencia es feroz.

He dejado hasta el final
a Morón de la Frontera,
y no es que yo no lo quiera.
Un sentimiento especial
me hace hablar de esta manera.

El año sesenta y seis
visité por vez primera
el pueblo que ya sabéis,
que es Morón de la Frontera.
Visitadlo si podéis.

Conocí allí a mi mujer,
con la que sigo viviendo
y lo que va a acaecer,
que quiero seguir creyendo
que nada me va a mover.

El año sesenta y nueve
en Morón yo me casé
y fue así como yo entré
en el son que al mundo mueve
y mi suerte yo encontré.

La cosa sí funcionó,
hoy todavía funciona,
el tiempo más nos unió.
Al juntar nuestro genoma
nuestra prole germinó.

Ya más de cincuenta años
han transcurrido veloces
y subimos los peldaños.
Comimos muchos arroces
después de muchos apaños.

Muy felices nos unimos,
encaramos el futuro,
y ya desde entonces fuimos
un matrimonio seguro,
puesto que hasta aquí llegamos.

Recorrimos media España
y ya a Madrid arribamos
y terminó la campaña.
Ya de aquí no nos marchamos
si la vista no me engaña.

De la gente de Morón,
de los que aún permanecen,
Diego y Mati los dos son
los que mejor se merecen
toda nuestra admiración.

Más no me quiero extender
ni tampoco pontifico.
Todo esto quiere ser
quizá de verdad un poquito
para en la vida aprender.

LA EVOLUCIÓN

Los seres son resultado
de la pura evolución,
pues todo ha evolucionado,
desde el pequeño electrón
hasta el dinosaurio alado.

Todo partió de un principio,
nuestro cuerpo es pura química,
pero no es un puro ripio
con cero potencia anímica.

Es un portento la vida
que nace de una semilla.
Parece cosa sencilla
por una herencia adquirida.

El mismo Napoleón,
estadista excepcional,
gobernó gente y nación
siendo de una condición,
duro como el pedernal.

Grandes genios que nacieron
a lo largo de la historia
a los pueblos condujeron
en su larga trayectoria
y su esplendor expandieron.

También los hubo nefastos,
que crearon grandes males,
arruinando los pastos
de los sufridos mortales.

Los llamados dictadores
son un ejemplo muy claro,
anulando a los mejores,
que han de pasar por el aro.

Odian a la inteligencia,
su destreza es borreguil.
Ellos piensan que a la ciencia
necesario es perseguir.

Por desgracia, siempre tienen
incautos que los defiendan
y ellos mismos los mantienen
y su maldad no la enmiendan.

Dios nos libre de los lerdos
que al poder son encumbrados
sin ningunos desacuerdos
de los más descerebrados.

Los países se gobiernan
bajo un contrato social.
Hace que todos defiendan
la convivencia grupal.

Hobbes defiende el contrato
siempre con limitaciones.
No hay que dar el mismo trato
a quien toma decisiones.

El gobierno ha de ser fuerte
y actuar con eficacia,
ya que el pueblo es masa inerte
y mata la democracia.

Recordemos a Platón
con su príncipe filósofo.
Gobernará la nación
en la clave de teósofo.

Recuerdo con firme acento
que en Grecia la democracia
era una pura falacia,
pues no libaron su gracia
más allá del diez por ciento.

Ni mujeres ni extranjeros,
ni esclavos ni prisioneros.
Solo unos pocos pudieron
librarse de la desgracia
de ser meros comparseros.

Hay regímenes muy clásicos
que buscan la salvación
de toda la población.
Son simplemente teocráticos.

En este mundo presente
es el dinero el que manda,
nada importa el medio ambiente.
Quien manipula es la banda
con sigilo de serpiente.

LA INDIFERENCIA

Cariño te quiero dar,
te lo he dicho muchas veces.
No lo quieres aceptar
y es de lo que tú careces.

Cuando tú estás a mi lado
no eres como una paloma,
eres como un cuervo alado
que a mi ventana se asoma.

Deja ya de murmurar.
¿No ves que yo no te escucho?
Y aunque hables sin parar,
te veo como al aguilucho
que no deja de volar.

Eres como una cotorra,
diciendo siempre lo mismo.
Y aunque te vayas a Andorra,
tú eres como un cataclismo
que me produce modorra.

La Inmaculada

Como hacemos cada año
desde hace ya cincuenta,
a la familia acompaño,
que allí en Morón se concentra
y hace lo mismo que hogaño.

Pues al vivir en Madrid
hemos de desplazarnos
para poder asistir.
En el AVE nos viajamos.

Hemos salido de Atocha
a las tres en punto, en hora,
como el pintor con su brocha
que del cuadro se enamora.

España pasó de ser
la reina de los retrasos
para pasar a tener
incumplimientos escasos.

AVE se llaman los trenes
que nos llevan por doquier
y cuando prisa tú tienes
puntuales suelen ser.

Desde Madrid a Sevilla
tarda dos horas y cuarto.
Cruza la Mancha a hurtadillas
con velocidad de infarto.

Minutos cuarenta y cinco,
pasamos Ciudad Real.
AVE toma con ahínco
devorar velocidad.

Cómodos donde los haya,
estos trenes son divinos.
Mientras como una papaya,
ya ha devorado el camino.

Puertollano lo pasamos.
Doce minutos, qué pena.
Y ya la Mancha dejamos
al cruzar Sierra Morena.

Quince túneles perforan
sus fantásticas montañas
y las encinas mejoran
de la tierra sus entrañas.

Los túneles mencionados
son más que una crueldad.
Ellos solos han logrado
que esta sierra que yo he amado
pierda la virginidad.

A Córdoba hemos llegado
con una hora cuarenta.
Parece que hemos viajado
en mágica bicicleta.

Se ven vastos encinares
que cubren toda la sierra
y no hay que hacer malabares
para saber que esta tierra
lo es de luces y alamares.

Cuando miro las encinas
cubriendo toda la tierra
me olvido de las sardinas
y pienso en el «pata negra».

Pues en Sevilla ya estamos.
En dos horitas y cuarto
a Santa Justa arribamos.
De viajar yo no me harto.

Hoy toca tranquilidad,
pues con la familia estamos.
Es de buena voluntad
a la vez que descansamos.

Hoy, jueves, por todo el día
alquilamos un Nissan,
que nos llevará enseguida
para en Morón almorzar.

Reunión con la familia
y también con los amigos,
la que todo reconcilia
sin los molestos testigos.

Hemos comido de platos,
con numerosas raciones,
los que quisiera Pilatos
para engordar sus legiones.

Todo rico y abundante,
al estilo de Morón,
con calidad desbordante.
Disfrutamos un montón.

Y si de precios hablamos,
yo os puedo asegurar:
esto en Madrid lo doblamos
a la hora de pagar.

Es un gozo recordar
los tiempos que ya pasaron
y es muy bueno comentar
recuerdos que nos quedaron.

Nos volvimos a Sevilla
a la hora de dormir
y de forma muy sencilla,
sin apenas discutir.

Hoy, viernes, nos desplazamos
con amigos y cuñados.
A Sanlúcar nos llegamos
bajo cielos azulados.

Viajamos en limusina
en clima de mes de mayo,
bajo un cielo que ilumina,
y nos llevó Antonio Gayo.

Son Antonio Gayo y Blanca
un matrimonio excelente.
Ni en la misma Salamanca
existe mejor ambiente.

Son amigos desde siempre,
es un honor su amistad,
y su amistad no es corriente.
Bendita sea su bondad.

Tomamos la manzanilla
con las tapas estupendas.
Es una forma sencilla
de comer de maravilla.
Las raciones son tremendas.

Tortillitas de camarón
son un excelso manjar
que tomamos con fruición
como puro preyantar.

Con las tortillitas siento
tanto placer al comerlas
que ya solo por olerlas
yo les haría un monumento.

Comimos en restaurante
principal los langostinos.
Este es un plato importante,
caro para peregrinos.

Hemos terminado andando
por el paseo marítimo.
Qué lindo es ir paseando
por este lugar tan íntimo.

Al fondo del horizonte,
y aunque no es por la mañana,
desde aquí se intuye Almonte
más el coto de Doñana.

Sábado es último día
de esta tan corta excursión.
No fue jornada baldía,
la vivimos con pasión.

Visitamos un museo,
donación de un tal Bellver,
que por su expreso deseo
el público puede ver.

Pinacoteca importante
y de bellas esculturas,
su calidad es fascinante
por esas formas tan puras.

En este momento vamos
en el AVE hacia Madrid
y tan felices estamos
que pensamos repetir.

Hemos llego a Madrid
justo en dos horas y veinte.
Necesario es bendecir
a este tren inteligente.

Y aquí termino esta oda
al avatar de este puente
y, aunque ya no esté de moda,
déjame que yo te cuente
esta historia en plan rapsoda.

LA MAR SERENA

En la inmensa mar serena
de una belleza sin par,
donde se puede escuchar
el rumor de una sirena
cuando prorrumpe a cantar.

Los peces que viven dentro
de este proceloso mar
no los podemos obviar,
pues a otros peces del mar
ellos sirven de sustento.

Algunas aves del cielo
de estos peces se alimentan
y cuando emprenden el vuelo
volver a su nido intentan.
Son de sus crías el consuelo.

La vida sigue su curso
y la tierra la sustenta,
pues no es cosa veredés
ver como una y otra vez
nos transmite su discurso.

LA MARCHA

Aún no me puedo marchar,
pues tengo cosas que hacer.
Una de ellas, terminar
el libro que un día empecé,
el cual quiero publicar.

Quisiera deja escrito
parte de mi pensamiento
y, aunque solo sea un poquito,
que no se lo lleve el viento.

Quizá no tenga interés
lo que tengo que decir
y, aunque tenga que morir,
sea derecho y no revés.

Lo que se dice decir
no tengo nada importante,
pero quiero dar el cante
sin engañar ni mentir.

LA MARIPOSA

Asombra la mariposa
que se posa en un manzano,
que una cosa tan hermosa
nazca tan esplendorosa
de un lento y feo gusano.

Tú nunca las menosprecies
a las bellas mariposas
de colores, tan vistosas.
Son ellas muy numerosas,
ciento trece mil especies.

Es su peso casi cero,
en los libros lo estudiamos.
A la que yo me refiero
es de pocos miligramos.

Si la realidad aceptamos,
encontramos mariposas
grandes y majestuosas.
Su peso llega a tres gramos.

En una parte de América
que gran extensión abarca,
una especie muy numérica,
la mariposa monarca.

Desarrollan su existencia
en Canadá, Méjico y USA
con distribución difusa,
con anual afluencia.

Son ellas las más pesadas,
emigran en los veranos,
vuelan en grandes bandadas
y pesan unos tres gramos.

Resulta muy llamativo
que su madre sea una oruga,
un misterio cognitivo,
un misterio que subyuga.

Parándonos a pensar
cómo sucede tal cosa,
es difícil explicar
el misterio mariposa.

Ponen huevos diminutos
que eclosionan en orugas
y en unos pocos minutos
se alimentan de lechugas.

Además de su belleza,
son espléndidos mentores
para la Naturaleza,
pues polinizan las flores.

Lleva la fuerza en sus alas,
tiene el poder de una diosa,
sus consecuencias son malas,
el efecto mariposa.

Si en Japón sus alas mueve,
desatará una tormenta
que torrencialmente llueve,
de forma enorme y violenta.

Los efectos se producen
incluso a larga distancia,
también en la misma Francia.
Llega allí el caos que producen.

Quizá sea la mariposa
la cosa más estudiada
de forma poco piadosa,
con alfiler ensartada.

Se puede ver en museos
perfectamente ordenada,
con sus nombres «latineos»
bajo su figura alada.

De colores llamativos
y de tamaños diversos,
son por distintos motivos
objetivo de perversos.

¿Quién no ha cazado en su vida
una grácil mariposa,
evitándole la huida?
Una acción poco piadosa.

Para mí es cosa asombrosa
ese misterio vital,
el ciclo tan especial
que envuelve a la mariposa.

Del huevo nace el gusano
y de este, la mariposa.
Todo el ciclo es un arcano
y vuelve a empezar la cosa.

No penséis que me olvidé
de la mariposa obrera,
la madre poco lustrosa
del gusanito de seda.

La seda que este produce
es de la especie un orgullo.
Como rayo de sol luce
en su ovalado capullo.

La vida tiene el misterio
que intenta entender la ciencia,
utilizando un criterio
muy carente de solvencia.

Y no es que yo sea un experto
aunque sepa algunas cosas,
pero sí que hay algo cierto,
que adoro a las mariposas.

La mendacidad

Esta tormenta no amaina,
esta es la pura verdad,
y que al son de la dulzaina
crece la mendacidad.

Políticos que aseguran
tener títulos y másteres,
pero cuando les apuran
sus sapiencias son basuras
y auténticos desastres.

Sus caras no se enrojecen
al descubrir la mentira.
Los suyos se enorgullecen
y su gente los admira
aunque no se lo merecen.

Dicen que el voto es secreto.
Yo voy a serles muy franco:
yo me aplico mi decreto,
que es el de votar en blanco,
y este será mi boleto.

LA MENTIRA

La mentira es delirante
y la verdad ya que importa
la culpa es del denunciante
que a los demonios exhorta.

Al ser cogido mintiendo,
el embustero reacciona
buscando en otra persona
al causante del incendio.

La verdad y no la mentira
es lo que se ha de buscar,
pues causa es de gran ira
mentir y tergiversar.

La religión nos enseña
que no se debe mentir.
Para evitar delinquir,
la verdad se ha de decir
aunque esta sea muy pequeña.

La minería

Desde tiempo inmemorial
España es país minero,
siendo el rico mineral
quien le dio fama y dinero
a una cultura ancestral.

Entre las zonas mineras
revistió gran importancia
y estuvo entre las primeras
por su gran preponderancia.

Sus yacimientos mineros
son de todos conocidos.
Quizá no sean los primeros,
pero así son admitidos.

Su ubicación es diversa.
Es en varios municipios
en los que, en forma dispersa,
están desde sus principios.

La Unión, El Gorguel y El Llano,
con Mazarrón y Portman,
comenzaron más temprano
a imprimirles su ademán.

Con Juan Manrubia empezó
mi amigo Pencho su lucha,
y en la mina él aprendió
el valor de una garrucha.

Mi primo Pedro también
trabajó en la misma mina,
pero, creo que por su bien,
él se cambió de cocina.

Y yo también laboré
en tres empresas mineras
y muy pronto lo dejé
por las manufactureras.

Y ahora termino esta historia
para esquivar el calor
y disfrutar de la gloria
de una vida de esplendor.

LA NOTICIA DEL DÍA

Es la noticia del día,
David Bisbal se ha casado.
Si entramos en la porfía
el culebrón se ha acabado.

Con nada mejor que hacer
pasaremos el verano,
cogiditos de la mano
e inundados de placer.

Viva la España torera,
viva el jamón de Jabugo,
que viva la verdulera
y que viva el tío del puro.

Somos un pueblo feliz,
pues nada tiene importancia.
Nos encanta la vagancia
sin importar el matiz.

LA NUBE

Es la nube la señal
que siempre espera la tierra.
La nube es algo especial,
pues es como un manantial
que en su vientre el agua encierra.

Parece ser que la vida
nació del agua, en su seno.
Esta ganó la partida
con un jaque mate pleno.

La edad actual de la Tierra,
años cinco mil millones,
y en su historia antigua encierra
los primeros embriones.

Volvamos, pues, a la nube,
que es nuestro tema central,
pues esta hasta el cielo sube
y emerge del manantial.

Hay varios tipos de nubes,
los principales son diez,
y cuando al cielo tú subes
verás que son más, pardiez.

Pues hay otros nueve tipos
que son menos importantes,
pues solo son prototipos
y son menos abundantes.

Las primeras de la lista
Howard las clasificó,
a las que pasó revista
y sus secretos halló.

Las llamadas cuneiformes
llevan cristales de hielo,
son muy blancas y deformes
y están muy lejos del suelo.

Tenemos las nubes bajas,
conocidas como niebla.
Son como grandes borrajas,
son producto de la tierra.

Las que más nos interesan
nimbos ellas son llamadas.
Son las que el vapor procesan,
convirtiéndolo en riadas
que mil desastres nos dejan.

Tenemos un triste ejemplo
en la isla de Mallorca,
pues con horror yo contemplo
que matan como una orca.

No podemos evitar
su potencia destructiva.
Solo nos queda rezar
para evitar su embestida.

Mas no siempre esto sucede,
pues resulta más normal
que lo que esta nube concede
sea un benéfico caudal.

Esta nube el cielo cierra
de color, ella es oscura,
y cuando ella está madura
fertiliza bien la tierra.

La nube que está preñada
ha de parir algún día.
No debe ser desdeñada,
pues es tremenda osadía
el darla por despreciada.

Su parto, como hemos visto,
verterá en la tierra el agua
y es por esto que yo insisto;
que, aunque te moje la enagua,
a olvidarla me resisto.

¡Oh, nube blanca que surca
el cielo majestuosa!
Tu color se torna rosa
cuando el sol tu luz oculta.

Nube hecha de algodón,
que en figuras se convierte
simulando un gorrión,
un león o una serpiente.

De la tierra provenimos,
ella nos crea y sustenta,
recibiéndonos contenta
una vez que sucumbimos.

Existe otra teoría,
que de la vida interpreta:
arribó a la Tierra un día
a bordo de algún cometa.

Se asegura de la vida
en todas las religiones
que ella fuera concebida
por el dios de las naciones.

En cualquier caso, la vida,
esplendoroso misterio
cuyo arcano nos deriva
al claustro del monasterio.

De nuevo quiero volver
a centrarme yo en la nube,
pues no me puedo perder
del tema que yo sostuve.

Hay otra nube moderna,
y esta es nube virtual.
Probablemente sea eterna,
de sustancia inmaterial.

Ella no está en el elenco
anteriormente descrito.
Es como un negro flamenco,
al que nadie nunca ha visto.

Si manejas y conoces
las nuevas tecnologías
no precisas de altavoces.
Reconocerla podrías
entre verdes alpicoces.

LA PARTITOCRACIA

Qué vergüenza los partidos.
Nada más tocar poder
aparecen los bandidos
dedicándose al placer,
a aplastar a desvalidos.

Al partido del gobierno
le ha crecido un nuevo enano.
Y no es cosa del invierno,
ha sucedido en verano.

Diputación de Valencia
es de nuevo escaparate
de la peor indecencia,
y remuerde la conciencia
el ver tanto disparate.

Del presidente se trata,
que, al igual que el anterior,
ha vuelto a meter la pata.
Y echan la culpa al prior,
que siempre la ley acata.

LA PATA

La pata de jabalí
que me regaló mi hermano
cocinarla decidí.
Rica rica iba a salir,
como dice el Arguiñano.

La cociné en caldereta,
que es forma tradicional.
Nada tiene de especial,
yo me inventé la receta.

El resultado, excelente.
Nada tiene que envidiar
a la que es más peculiar,
pues eso dice mi gente.

Casi ya se ha terminado
y parecía que era mucho,
aunque yo la he preparado
sin haber estado ducho.

Otra vez repetiré
si mi hermano es generoso,
y otra yo cocinaré
con un final delicioso.

LA *PIZZA*

Es la *pizza* un gran invento,
dicen que es napolitana.
Se come en todo momento,
de noche tarde y mañana,
pues es comida muy sana.

Hay *pizzas* de varias clases,
todas ella muy sabrosas.
Las comen los mandamases
y las muchachas vistosas.

El secreto está en la masa,
dice la publicidad.
Es cierto que lo que pasa,
que no es ninguna maldad
poder comerla sin tasa.

Hay diversas opiniones
sobre la *pizza* y su origen.
Todas tendrán sus razones,
pues ninguno las corrige.

Es posible que sea cierto
y no una aserción quimérica,
yo desde aquí te lo advierto,
que sea un producto de América.

Es allí muy popular,
lo aseguran los ancianos,
pues no podemos obviar
que abundan los italianos,
que la pudieron copiar
de sus ilustres napolitanos.

LA POESÍA

A Antonio Gayo

Me place a mí constatar
que te va la poesía.
A nadie ha de molestar
un hecho tan singular
apreciado todavía.

La real actualidad,
de vida tan infecunda
que propicia la maldad.
Y el desamor nos inunda,
trayendo la soledad.

Nada nos importa tanto
como el brillo del dinero.
Pues qué pena, pues qué espanto.
Nada implica más quebranto
que el ojo del usurero.

Déjame que manifieste
mi enorme satisfacción
al comprobar que eres este
hijo ilustre de Morón,
ciudad ubicada al este.

LA RUBIA

Pues la rubia ya se queda,
la rubia ya no se va,
pues le han dicho en la almoneda
que es buena pa *goberná*
la caja de la moneda.

Gobernar no es tarea fácil
si lo quieres hacer bien,
pues ya dijo Kalikatres:
a la gente no maltrates,
decente has de ser también.

Piensa en ti cuando gobiernes,
pero en los demás también;
y a pesar de estar en ciernes,
podrás alcanzar el bien
antes de que llegue el viernes.

El Supremo Bien no es cosa
de tomarse a la ligera
cual volátil mariposa
que en la bella flor se posa
al llegar la primavera.

LA SENECTUD

La ancianidad es un estado
que es de lo más natural,
pues una vez alcanzado,
como el frío viento austral,
es helado y despiadado.

Esta etapa de la vida
no es un estado mental,
pues ella siempre es seguida
de inevitable final.

Cuando se es joven la mente
es la que le manda al cuerpo;
cuando se marchita el huerto
el cuerpo es el más patente.

Parémonos a pensar
lo que implica haber llegado
la senectud a alcanzar
sin casi haberlo notado.

Desde el día en que se nace
se comienza a envejecer,
pues el tiempo se deshace
de tanta vida ejercer.

Después de muchos achares
se alcanza la edad madura
y, a pesar de los pesares,
la vejez no tiene cura.

El anciano es como un niño.
Cuando su vida se agota,
necesita del cariño
como un chaval la pelota.

El anciano que ha llegado
ya muy poco necesita,
pero está necesitado
como un trol de su casita.

Su familia es su refugio,
necesita a sus amigos,
ya no acepta el subterfugio
ni quiere falsos testigos.

Sus hijos sacó adelante,
asegurando sus vidas.
Ahora conserva el talante
con sus idas y venidas.

No conoce otra manera
de encarar lo que le queda
que construir la trinchera
que a él protegerlo pueda.

Ahora vive de recuerdos,
no le interesa el futuro,
sus pensamientos son cuerdos,
pues su cuerpo está maduro.

Su cuerpo se va gastando,
sucede constantemente.
Él sí se va percatando,
tiene lúcida la mente.

Será intercesión divina,
será causa natural,
que él ya alcanzó la cima
de la forma más normal.

Los médicos que lo asisten
le imponen sus prescripciones
y todos ellos insisten
en múltiples prohibiciones.

Sin azúcar y sin sal,
ni grasas ni condimentos.
Su alimento principal
son sus consejos a cientos.

Es por eso que lo acepta
lo que le quieran mandar
y sigue la línea recta
sin hablar ni rechistar.

No le queda otro remedio
que creer en el progreso,
venciendo con ello el tedio
por tal razón tan de peso.

Es un progreso constante,
sin parar la ciencia avanza.
La operación y el implante
son de la vida esperanza.

Aunque el hombre no sea eterno,
su vida se hace más larga
porque se cura al enfermo.
Su vejez ya no es amarga.

Mientras conserve energía
para conseguir valerse,
el anciano todavía
no piensa en desvanecerse.

Y cuando llegue el momento,
que sin duda ha de llegar,
es puro discernimiento
la decisión a adoptar.

El anciano necesita
atenciones y cuidados,
los que le pueden ser dados
mientras la flor se marchita.

Termina en la residencia,
donde está bien atendido,
y es por ello que a la ciencia
debe estar agradecido.

Termina como empezó,
necesitando el cuidado
de cualquiera que aceptó
permanecer a su lado.

El anciano no comprende
por qué familia y amigos
dejaron de ser testigos
y de terceros depende.

Recuerda con añoranza
aquellos tiempos pasados,
cuando solo la esperanza
alejaba los pecados.

Ahora ya todo se olvida,
las cosas ya no son puras,
ya no se vive la vida
de acuerdo a las Escrituras.

Aquí está la moraleja
de la actual situación:
la vida a veces nos deja
como el tren a la estación,
como el hilo a la madeja.

LA SILLA VACÍA

Al igual que cada tarde
ya sacó su silla afuera,
a sentarse en ella al sol,
pues llegó la primavera
con su cálido arrebol.

Pero antes de salir
puso la leña a quemar,
pues no podía resistir
sin el calor del hogar.

Tener caliente la casa
es lo justo y necesario,
pues sin calor ella pasa
un auténtico calvario.

Saca otra silla de anea,
la cual siempre está vacía,
por si viene que la vea
quien con ella estar solía.

Su compañero marchó,
por siempre cerró sus ojos
y ya nunca regresó,
se perdió entre los abrojos.

La dejó una tarde gris
entre muy negros antojos,
se fue como la perdiz
que se oculta en los rastrojos.

A veces sueña despierta
y cree que su compañero
está en la silla desierta,
pero el sueño es traicionero.

Observa a la golondrina
cuando ella vuela en la altura.
Es ave de pluma endrina,
pero no es un alma pura.

En el alma que ella piensa
es el alma de su amado,
pero el alma está indefensa,
pues no regresa a su lado.

Por más que a la silla mira,
en ella nadie se sienta;
y mientras el mundo gira,
ella espera y se impacienta.

Cuando el sol se va ocultando
coge la silla otra vez,
se va para dentro andando
con la otra silla y sin él.

Ella tiene la esperanza
de que su marido vuelva.
Siempre pide a lontananza
que el cielo se lo devuelva.

Cuando lúcida se encuentra
siente en su alma un tropel.
Ella reza muy contenta,
pensando unirse con él,
y su esperanza alimenta.

LA SOMBRA

De sombra hay muchas clases
que yo no sé describir.
Hay para agrupar en haces
y no es fácil descubrir
aunque citarla tú intentases.

Es sombra de las higueras,
que, además de cobijarte,
te da higos, te da brevas,
pudiendo a ella arrimarte
siempre que puedas y quieras.

Tenemos la buena sombra,
que el verano bien mitiga
y al bravo labriego asombra
y tendiéndole su alfombra
hace más dulce su vida.

También hay la mala sombra,
la que proyecta el malvado,
que todo aquel que la nombra
queda en la arena varado.

Sombra del árbol caído,
el que buena sombra dio,
pero a su muerte debido
ya su sombra se extinguió.

Nuestra sombra nos persigue
aun con andar veloz.
La sombra siempre nos sigue
con una insistencia atroz.

Hay una sombra invisible,
que es la sombra del vampiro.
Su sombra es imperceptible,
pues parece que se ha ido.

También da sombra la nube,
aquella que al sol oculta
y sus calores elude.
Es la benéfica nube,
que el mal de piel dificulta.

Está la sombra del sol
cuando la tierra lo oculta.
Es más negra que el charol
y a la claridad sepulta.

Sombra clara, sombra oscura,
sombra sobrenatural,
sombra que al alma tortura.
Es sombra de un vendaval
la sombra de la censura.

¿Es la sombra alguna cosa?
Simplemente, es la «no luz».
Ni es poesía ni es prosa,
pues ni es fea ni es hermosa,
pervive en el contraluz.

La sombra nunca existió
hasta que la luz fue hecha.
Dicen que Dios la creó
de su divina cosecha.

La sombra, como tantas
cosas que son cotidianas,
no es útil para las plantas
ni madura las manzanas.

Existe la sombra amable,
que es aquella sombra buena
de forma no desdeñable
que minimiza la pena.

La sombra del sol es hija,
la luz del mundo es su padre,
y a través de una rendija
hace crecer al baladre.

¿Y qué decir de la sombra
que da el árbol corpulento?
Es algo que nos asombra,
llenándonos de contento.

«Al que a buen árbol se arrima
buena sombra le cobija».
Así comienza la rima
que un padre contó a su hija.

Es la sombra en el desierto
de un valor inestimable.
Te librará de caer muerto
por el gran sol indomable.

La sombra es todo un misterio,
cuando andas te persigue.
Alcanzarla no consigue
ni el monje en el monasterio.

La sombra es solo penumbra,
ella no es oscuridad,
burla al sol desde su tumba
y carece de maldad.

La sombra nada nos dice,
pues callada siempre está,
aunque sí a la luz bendice
y vence a la oscuridad.

Hay culturas que a la sombra
la consideran sagrada.
Es un hecho que me asombra,
ya que la sombra no es nada.

En cualquier caso, a la sombra
nuestros ojos pueden ver
y es por eso que se nombra,
pues la dotan de poder.

LA VIAJERA I

Tengo una amiga viajera
que el amplio mundo recorre
sin que por ello le sobre
un segundo tan siquiera.

Jubilada como nos,
una excelente persona.
Camina del mundo en pos
y a sus arcanos se asoma,
viéndolos de dos en dos.

Hoy tenemos alubiada,
de Tolosa, por supuesto.
Nuestro estómago está presto
para tomar todo esto
con calma y sin algarada.

La comida, inmejorable;
la compañía, perfecta.
Y es que a todos nos afecta
hasta hacer inolvidable
una ocasión como esta.

LA VIAJERA II

Ideal temperatura
para esquivar el calor
y disfrutar sin mesura
de una vida de esplendor.

Aurora, ¡cómo disfrutas!
Yo me alegro con razón
al vislumbrar las volutas
de tu gran satisfacción.

Sigue sacando partido
de esta existencia insincera,
pero siempre con sentido
y no hacerlo a la ligera.

Improving es nuestro lema,
cada día más y más.
Empleando un buen sistema
habremos de mejorar.

El inglés o cualquier cosa,
todo mejor puede ser,
pues es cosa muy hermosa
el enseñar y aprender.

LA ZARZAMORA

Mora que nos da la zarza,
la nombrada zarzamora.
Es muy dulce, pero mancha
y si en la piel se te engancha
tu sangre con fuerza aflora.

Dice el cantar que su mancha
con otra verde se quita,
pero esa mancha maldita
no la quitan ni la plancha
ni aquel sabio estagirita.

Hay moras de la morera,
que es un árbol de gran porte
y en una parte del año
alimenta al gran rebaño
de gusanos de la seda.

La seda fue gran riqueza
de nuestra huerta murciana.
Temprano cada mañana
levantaban la persiana
para evitar la pobreza.

De las manchas, pues, hablemos,
que muchas son indelebles.
Y aunque ya a veces pensemos
que ya no hay manchas rebeldes,
de ellas muy poco sabemos.

Hay manchas que van al alma,
haciendo que esta no sienta
ni la piedad que demanda
ni vida honrada y honesta
cuando el cuerpo se desmanda.

Hay quien dice que los santos
todos tienen alma limpia,
pero es que santos no hay tantos
que tengan alma distinta
para entonar limpios cantos.

Si me apuras, manifiesto
que perfectos caraduras
llenan de dinero el cesto
y viven sin apreturas
de toda su vida el resto.

Bajarán a los infiernos,
donde tienen que dar cuenta
de sus crueles inviernos
y abusar más de la cuenta
con sus embrujos eternos.

Y si el infierno no existe,
que es un invento del hombre,
toda la vida es un chiste,
es falsa toda hecatombe
y no pagarás lo que hiciste.

Desconfía de los puros.
No los puros que se fuman,
sino de aquellos que suman
maldades y sin apuros
viven la vida entre brumas.

Sí, claro que lo comprendo
el que haya tanto chorizo.
Y así vamos descubriendo
que, sea pura raza o mestizo,
al país va empobreciendo.

¿Pues qué podemos hacer?
Desconozco la receta.
Tal vez tenga que volver
de nuevo a hacer la maleta
y mis posos revolver.

Se acercan las elecciones
y es necesario votar,
mas queremos soluciones
que puedan desentrañar
problemas, que hay a montones.

Volvemos sobre la mancha
de que hablamos al principio,
que este choriceo ensancha
del país al municipio,
siendo amos de la cancha.

¿Cuándo será la justicia
idéntica para todos?
Justicia de todos modos,
que erradique la estulticia,
castigando a los beodos.

Mancha la que todo mancha,
mancha infame que se extiende
y que su extensión ensancha,
mancha a la que nadie entiende
y crece cual avalancha.

LAS CIEN FUENTES

Cien Fuentes tiene Madrid,
que hasta en verano dan agua.
Tienen los grifos de oro,
oro del que trajo el moro,
y dan euros a mansalva.

Los que manejan los grifos
son de todos conocidos.
En varios bancos suizos
tienen sus bancarios nidos.

Por la «trena» algunos pasan,
pero nunca cumplen pena,
pues muy leve es la condena
que como castigo pagan.

Alguna de las Cien Fuentes
ahora está en el hit parade.
Le preguntan: «¿Por qué mientes?».
Y enseñándonos los dientes
dice que ella nada sabe.

El pícaro lleva el barco,
los demás están remando.
Si preguntas por el charco,
el pícaro te contesta
que peor irías nadando.

LAS ESPECIES

En su afán de liquidar
toda la vida en la Tierra,
el hombre no sabe hallar
la forma de conservar
todo lo que el mundo encierra.

La paz debería ser
lo que el hombre persiguiera,
siendo así, de esta manera,
como la paz él pudiera
en el mundo establecer.

El Libro Sagrado dice
que todo nos pertenece
y al mismo tiempo predice
que todo lo que perece
la Natura no bendice.

Eliminar las especies
es negocio ruinoso.
Su importancia no desprecies,
pues entre el odio y el ocio
está lo que más aprecies.

LAS TOMATERAS

En casa tengo
tres tomateras.
Puedes llevarlas
cuando tú quieras.

Son normalitas
y no especiales,
en macetitas.
Quizá te valen.

No dan pepinos,
pues dan tomates.
Plántalas pronto
y no las mates.

Para tu uso
son suficientes.
No seas obtuso;
de sus tomates saldrán simientes.

LAS TORTAS

Las tortas de Inés Rosales
son la esencia de Sevilla.
Diles a los americanos
que estas son las que tomamos
en lugar de mantequilla.

Es el aceite de oliva
su principal ingrediente,
harina de trigo viva
si la etiqueta no miente.
Son tortas que dan la vida.

La dieta mediterránea
ellas vienen a impulsar.
Su calidad es instantánea
para un buen desayunar.

También las hay sin azúcar
para quien problemas tenga
y el dulce no le convenga,
ni beber agua del Júcar
ni pasteles de la tienda.

LOS AFANADORES

Es un magnífico trovo
que habla de la actualidad.
Para el cristiano y el moro
refleja la realidad
de aquello que yo deploro,
la bajeza y la maldad.

Se llevan sin miramiento
todo lo que es bueno y vale,
se quedan con nuestro aliento.
Ellos se aplican el cuento
y así la cuenta les sale.

Aseguran que nos cuidan,
proporcionando trabajo.
Dicen con gran desparpajo
que desde arriba hasta abajo
en nuestro bolsillo anidan.

Que viven a nuestra costa
ya nadie puede dudar.
Mientras el pueblo los vota,
comen gambas y langosta
y el dinero hacen volar
con su blanca gaviota.

LOS ARRESTOS

No es que me falten arrestos
para seguir existiendo,
mas, según lo que estoy viendo,
no es cuestión de buenos gestos
hacer lo que estoy haciendo.

No me preguntes, amigo,
el tiempo que duraré.
Mientras me encuentre al abrigo,
sin dudar resistiré.
Lo demás me importa un higo.

No quisiera parecer
alguien que está preocupado,
pues por mi forma de ser
de bien pensar voy sobrado
y es mi optimismo un deber.

No deseo terminar
sin expresar mi contento.
Mi meta es siempre volcar
la alegría que llevo dentro
y el vivir sin protestar.

LOS BÚFALOS

Colonos americanos
acabaron con los búfalos.
Solo quedan los más sanos;
al resto «los liquidamos».

Los mismos americanos,
con su jefe a la cabeza,
quieren con sus propias manos
matar la Naturaleza.

El hombre temor no tiene.
Su proceder sin excusa
parece que les conviene
a los tipos de los USA.

Contra la lógica va
el destruir el entorno.
Este viaje sin retorno
nada bien acabará.

Y válgame el Dios del cielo
en este caso concreto.
Esto solo fue un señuelo
de revelar un secreto.

Tal secreto no lo es,
basta con que el tiempo amaine.
Todo es vuelto del revés
en el wéstern del bravo John Wayne.

En él yo lo pude ver,
la vil matanza de búfalos,
y no puedo comprender
que haya tipos tan obtusos.

Y como podemos ver,
solo hice que informar
de un hecho que pudo ser,
de una especie eliminar.

LOS OKUPAS

Hay un gobierno de okupas;
llegó de forma ilegal,
porque no tiene los votos
para poder gobernar.

Y ya más pronto que tarde
se debe restablecer,
pues la cosa está que arde.
La lógica ha de volver.

El okupa no responde;
no nos quiere devolver
lo que, mire usted por dónde,
nos suele pertenecer.

Lo que es nuestro y lo parece
en nuestras manos queremos,
pues por ley nos pertenece
y manejarlo debemos.

Fuera okupas del gobierno,
dejen de usurpar el puesto.
Vamos a volver corriendo
a por aquello que es nuestro.

Nuestras huestes están prontas
y nuestro voto está en ruta;
nuestras votantes, no tontas,
y cancelan la disputa
con mayoría absoluta.

LOS PECES

En el mar nació la vida,
eso nos dice la ciencia.
Fuera o no allí concebida,
no repugna a la conciencia
por ser esta teoría
ampliamente compartida.

La vida en los océanos
llegó a ser muy abundante.
Por culpa de los humanos
su declive es alarmante.

Durante muchos milenios
alimentó a los mortales.
Desarrollaron ingenios
para los peces fatales.

Las ballenas gigantescas
y que aún hoy son cazadas,
y las japonesas pescas
las esquilman a manadas.

Hay especies en gran riesgo,
cercanas a la extinción,
y esto está tomando el sesgo
de una enorme maldición.

Las anchoas, por ejemplo.
La dañina sobrepesca,
la que a la extinción las lleva,
y esta práctica funesta,
la que crudamente afecta
al azul sagrado templo.

Otra vez los japoneses,
consumidores de atún,
devoran todos los meses
cantidad que no es común.
Acabarán con los peces.

Compran todo el que les venden
más lo pescado por ellos.
Yo no sé lo que pretenden
con tan graves atropellos.

De un kilo de pequeñines
salen diez kilos de adultos.
Yo no comprendo los fines
de pescadores incultos.

Cuando pescan al arrastre
el fondo van destruyendo
y van causando un desastre,
pues las crías van muriendo.

La pesca industrializada
tiene gran parte de culpa,
y es la ley que los disculpa,
pues lo sabe y no hace nada.

Por favor, tened paciencia,
señores depredadores.
No dejéis todo a la ciencia,
pues actuando en conciencia
ya vendrán tiempos mejores.

Solo hay este planeta,
sus recursos son finitos,
y pensad en que su teta
no está de leche repleta.
Da leche para poquitos.

LOS PLÁSTICOS

El problema generado por el uso incontrolado de los plásticos está dando lugar a tal grado de agresión al medio ambiente que resulta de una urgencia ineludible la adopción de medidas tendentes a corregir y evitar el daño que a nosotros mismos nos estamos infligiendo. Si con esta modesta aportación consigo ganar para la causa a un solo escéptico o reticente, me daré por plenamente satisfecho.

En la época en que nací
reinaba el papel de estraza,
plástico allí yo no vi.
Todo lo que había allí
eran la bolsa cañí
y la castiza capaza.

Hoy los plásticos son reyes,
para todo se utilizan,
pues no lo impiden las leyes,
y el entorno pulverizan.

Tenemos a los bioplásticos,
ellos son biodegradables,
eminentemente prácticos.
Son altamente fiables.

Existe un tipo de plástico
con muchas aplicaciones.
Líquido, sólido, elástico,
en gran y pequeña dosis.
Es la resina de epoxi.
Como pintura es fantástico.

Poliestireno expandido
se usa para fabricar
productos para embalar
lo que ha de ser protegido.

Existe el poliuretano,
que es un plástico industrial
que se puede utilizar
como goma artificial
y guantes para la mano.

Es el fluoropolietileno,
llamado PTFE,
el de un rendimiento pleno
en ballenas de corsé.

Y son los plásticos técnicos
robustos y resistentes.
Requieren procesos térmicos
y no son plásticos corrientes.

El famoso PVC
es el plástico del siglo,
que se conoce también
por policloruro de vinilo.

Y hay otro tipo más,
que se llama termoplástico,
que es duro y es además
un material encomiástico.

La industria del automóvil
lo usa con profusión
y fiel cumple su misión
en lo moviente y lo inmóvil.

Los plásticos termoestables,
además de en la electrónica,
resultan insuperables
para gafas y aviónica.

Y son las poliolefinas,
subproducto del petróleo,
presentes en las cocinas,
en el humano alveolo
y en las perreras caninas.

Con ellas son fabricados
embalajes y utensilios
para carnes y pescados
que proporcionan auxilios
a los puestos de mercados.

Pero lo más preocupante
son las bolsitas que matan
y una cantidad importante
los océanos colmatan.

El plástico se autotritura
y él solo se microniza.
Lo ingiere cualquier criatura
y en su estómago aterriza.

Los peces que comen kril
por desgracia ingieren plástico,
pues a la plancha o al grill
comerlos no es nada práctico.

Hay extensiones enormes,
tan grandes como países.
Son como islas informes
y, aunque tú no las divises,
en el océano se esconden.

Debemos poner remedio
a tan ingente catástrofe.
Hay que proteger el medio
y tal vez no solo baste
para evitar el desastre
tirar por la calle en medio.

Esta es la pura verdad,
tenemos gran dependencia
y hay que seguir la tendencia
de los plásticos no usar.

Plásticos en la basura
los debemos evitar.
Con una buena estructura,
es lo mejor reciclar.

No son solo los gobiernos
los que tienen la misión
de librar de estos infiernos
a toda generación
de peligros sempiternos.

Todos podemos lograr
que ningún plástico vaya
al medio a perjudicar,
y es que preciso es usar
las soluciones que haya.

El plástico no es basura,
desde ahora hay que actuar.
Hagámoslo con premura,
pues no se puede aceptar
que nos gobierne la usura.

Exige que el reciclaje
sea la norma ineludible,
pues resulta imprescindible
que el presente mal se ataje.

Parece más conveniente
usar los biodegradables,
amigos del medio ambiente,
pues son los más saludables
y esto es lo más consecuente.
Los daños son evitables.

LOS QUE ROBAN

Tristemente llamativo,
la detención de otro jefe.
¿Cuándo acabará el tiovivo
que con tan triste motivo
la trama del malo teje?

La pregunta se hace obvia:
¿hasta cuándo, madre mía,
no saldremos de esta vía,
la que todo el mundo odia?

¿Es posible que un partido
llegue a sufrir tal deshonra?
Es una pena muy honda
el ver lo que ha sucedido.

Que pare, por Dios, que pare
esta sangría maldita.
Que la razón acapare
esta vida tan bonita
y que la razón la ampare.

Me han complicado la vida,
ya no sabré a quién votar.
He perdido la partida
y ahora que ya todo gira
yo me tengo que parar.

Valencia es un burdo ejemplo
de cómo no gobernar,
y este es un triste momento
de lo que puede pasar
si se descubre el invento.

LOS SABANDEÑOS
(LA MAGIA DE LA MÚSICA)

De una forma inesperada,
no lo pensamos ni en sueños,
presenciamos de pasada
la actuación tan esperada
de un grupo, todos isleños.
Cantan folklore y balada,
y estos son Los Sabandeños.

El año sesenta y cinco
se unió aquel grupo de isleños,
trabajaron con ahínco,
de nombre Los Sabandeños
y son muchos más de cinco.

El motivo principal,
un hecho que fue palmario,
fue el compromiso esencial
de poderlo conservar
el buen folklore canario.

Sus andanzas desde entonces
solo se miden por éxitos.
Sus cantos y sus romances
encantan a los disléxicos.

Solo al oírlos cantar
el corazón se emociona.
Sus voces son el pilar
de una música que entona.

Qué voces, qué maravilla.
Ellas producen más goces
que la estrella que más brilla
y los rayos más veloces.

Varios premios atesoran,
excepto los del salami,
pero tienen en su haber
el de los famosos Grammy.
Más no se puede tener.

Todos son de las Canarias,
islas que yo bien conozco.
Sus gentes son solidarias
y hasta a veces temerarias,
más que el mismísimo Bosco.

Y ahora pasemos a hablar
de las islas en sí mismas,
pues no me puedo olvidar
de sus playas y marismas.

Siempre han sido siete islas,
cuál de ellas más hermosa.
Existen varias rencillas,
pues dicen que La Graciosa
es ahora la octava isla.

Además de las descritas,
hay otras ocho pequeñas.
Son unas islas chiquitas,
pues son todas berroqueñas.

Cinco de ellas pertenecen
a provincia Gran Canaria;
las otras cuatro, a Tenerife,
que son Bonanza y Salmor
con Garachico y Anaga.

Cinco y cuatro no son ocho,
es una suma espantosa.
Es que, además de las ocho,
he incluido a La Graciosa.

Solo se trata de islotes
por su pequeña extensión.
Del océano son los brotes
de una lejana erupción.

Todas las islas conozco,
un tiempo viví en Canarias.
De ellas conozco varias,
son algunas de las ocho.

La causa por que allí estuve
fue una situación muy rara:
por la grave e insensata
guerra mora del Sahara.

Fue una agradable experiencia
estar en guerreras marinas
para mí, un especialista
en las armas submarinas.

Es de una gran emoción
citarse con los amigos
y estar todos reunidos
tomándose un pisco ron.

La cocina de las islas
no es demasiado compleja
y si tú ya no te aíslas
puedes tomarte una vieja.

No temáis, mis amigos,
la vieja solo es un pez,
no son plátanos ni higos,
tampoco es una mujer.
Quedad tranquilos, queridos.
Venidla a casa a comer.

Unas papas sancochás
seguro que las disfrutas,
igual que unas arrugás
con mojo picón degustas.

Hay quien lo prefiere verde,
pues el picón no le gusta.
No sabe lo que se pierde
porque el picante le asusta.

El gofio es un alimento,
el que salvó a todo un pueblo.
Aún hoy es un complemento
con el que yo aún repueblo
a este, mi estómago hambriento.

Y del plátano no hablaremos,
pues el plátano canario
es un fruto que sabemos
es un gran portento agrario.

Otra fruta que no falla,
dulce como miel de abeja,
más dulce que la lenteja,
esta fruta es la papaya.

Otro producto de siempre,
el que agradaba al corsario,
el más rojo y reluciente,
el buen tomate canario.

Mi homenaje quiero dar
a las llamadas Fuencislas
y por eso voy a hablar
de nuestras Canarias islas.

La Graciosa tiene un nombre
aplicable a una mujer,
aquel que le puso un hombre
cuando la dio a conocer.

La más chiquita de todas,
carreteras sin asfalto,
playas de grande boato
donde no influyen las modas.

Allí extenderás tu parva
en la Caleta del Sebo,
gozarás como un manchego
en Casas de Pedro Barba.

Si allá decides viajar
no te olvides del detalle:
hotel has de reservar;
si no, estarás en la calle.

La Palma es un gran volcán
con la caldera en su cima,
donde se pesca el fletán,
pero no crece la encina.

Sus puros archifamosos
se exportan a todo el mundo
a quien los quiera comprar
para poderlos fumar.
Pienso que no me confundo.

En plátanos la primera,
produce más que ninguna.
Es la isla platanera
y del plátano la cuna.

Es preciosa y toda verde,
su belleza es infinita,
donde la vista se pierde.
La llaman isla bonita.

Las playas no son su fuerte,
se baña muy poca gente.
El turismo la convierte
en un destino imponente.

Forma el cráter del volcán
una caldera imponente
a la que han dado en llamar
Caldera de Taburiente.

En los más altos picachos,
allí está el observatorio,
de biosfera reservorio,
el Roque de los Muchachos.

Cuando a esta isla tú vayas
siempre tómalo con calma,
y su capital sin playas
es Santa Cruz de la Palma.

Lanzarote tiene nombre
de luchador medieval.
No hay isla que más me asombre,
su belleza es colosal.

Lo primero que menciono,
hermoso donde los haya,
es el paisaje tan mono
del Parque de Timanfaya.

Visita que no te pierdes,
es la cosa extraordinaria,
de una belleza palmaria,
es la cueva de los Verdes.

Su capital, Arrecife,
de aspecto muy colonial,
pues no es el Generalife,
pero resulta ideal.

Sus playas son excelentes,
con sus hoteles de ensueño
para turistas pudientes,
donde hacer cura de sueño.

Para conservar la isla
y que no se fuera a pique,
aún hoy se legisla
la «ley» de César Manrique.

En la zona de Haría
encontrarás lo que quieras,
mas yo recomendaría
valle de las Mil Palmeras.

Maravilla indiscutible
es el jardín de los cactus.
Lo creó César Manrique
y es de belleza increíble.

Fuerteventura, isla pura,
nada tiene que envidiar
a ninguna de las otras
y allí una gran aventura
es posible disfrutar.

Playas de agua cristalina
que invitan a practicar
el windsurf y el parapente.
Lo que más gusta a la gente
es una paz que alucina.

Puerto de las Cabras era
cuando yo lo conocí.
Era capital costera.
Hoy es Puerto del Rosario,
nombre con más pedigrí.

Morro Jable y Costa Calma,
Cala Fuste y Corralejo
mejor que Colmenarejo,
donde tú hallarás la calma.

Placer ir a Betancuria,
antes fue la capital.
Quizá fue por la penuria
que decidieron cambiar.

Según muchas opiniones,
y si el turismo no engaña
y atendiendo a sus razones,
la mejor isla de España.

Si tú quieres disfrutar,
un restaurante apalabra
y regala a tu paladar
con un buen guiso de cabra.

Gran Canaria es otra de ellas,
con bellezas destacables,
y algunas o todas ellas
son sin duda inigualables.

Los nativos son llamados,
tiene que haber sus razones,
son isleños destacados,
se les llama canariones.

Las Palmas es la ciudad,
es la de la eterna cruz,
y sin fecha y sin edad
está el Puerto de la Luz.

Admirar su catedral
y extasiarse es todo una,
imponente y colosal,
especial como ninguna.

Hecha de piedra «volcana»,
es llamada desde siempre,
y esto nadie lo desmiente,
catedral de Santa Ana.

Si madrugas de mañana
necesario es pasear
por la calle nuclear,
que es la calle de Triana.

De Arucas su catedral
párate a verla un instante.
Cuando la tienes delante
no te cansas de admirar
obra tan impresionante.

Una Virgen venerada,
para verla hay un camino,
te conduce a su morada,
la de la Virgen del Pino.

Ella es la excelsa patrona
de toda la Gran Canaria.
Irradia su resplandor
y su santidad es palmaria
desde el mismito Teror.

Este claro o este «nublo»,
monumento hay natural,
el muy espectacular
e imponente Roque Nublo.

Sus playas son abundantes
y entre ellas son punteras,
con atributos bastantes,
una es la de las Canteras
y otra es Alcaravaneras.

En el sur de arena hay
lomas con su propia duna,
la playa de Maspalomas,
donde el verano se acuna.

Encontrarás cosas bellas
que tu cultura tú ensanches.
No son de güisqui botellas,
son las cuevas de los guanches.

Ya no puedo seguir más
aunque me quede un buen trecho.
Y por eso yo, además,
no quiero arar en barbecho.

Tenerife es la más alta,
ella la formó un volcán.
Mucho más grande que Malta,
los Mencey la cuidarán
por ser reyes de talla alta.

Famosa es esta ciudad
por sus ricos carnavales.
Plebeyos y menestrales
vienen con asiduidad.

Tiene una playa allí mismo,
la que tú siempre visitas,
para propios y el turismo,
playa de las Teresitas.

De la ciudad nada digo,
allí por doquier hay plantas.
Vayas solo o con amigos,
a cualquiera ella le encanta.

El hotel no desmerece,
es propio para ir un rey.
Él un castillo parece,
el lujoso el hotel Mencey.

Allí tengo yo un amigo,
de trabajo excompañero,
y si a ir yo me decido
a él visitarlo yo quiero.

Por su apellido parece
que yo hablo de un gallego.
Es de Medina Sidonia,
en su día fue un andariego.

Vive allá desde hace años,
pues pero no desde niño.
En su día le echó redaños,
es José María Patiño.

Aunque ella sea la más alta,
en población es segunda,
mas aun así no le falta
el gran sol que la fecunda.

Como casi en todas ellas,
el sur y el norte difieren.
En el sur todo está seco
y en el norte agua sí tienen.

El año mil setecientos,
más otros cuarenta y cuatro,
fue creada en La Laguna
por mor de un papal contrato
universidad y fortuna
bajo un moderno formato.

Hay algo que me impresiona,
mucho más que yo pensaba,
y aún hoy me emociona
el valle de la Orotava.

En realidad, no es un valle.
Del Teide es su cara norte.
Se ve con todo detalle,
es una parte del monte.

Aunque ahora no es lo mismo,
esto ya no es lo que era,
pues la presión del turismo
liquida la platanera.

Casas, casas y más casas
ahora tú puedes hallar.
Cuando por su lado pasas
te dan ganas de llorar.

En el Puerto de la Cruz
el turismo fue primero
y, a diferencia del sur,
en esto sí fue pionero.

César Manrique dejó,
mira bien y no te engañes,
maravilla diseñó,
el Lago de Martiánez.

Hermoso jardín botánico
con árboles de gran porte.
Tienen aspecto titánico,
pues estamos en el norte.

Y si hacia el Teide subimos
hallamos el parador
y luego, cuando venimos,
por diferentes caminos
encontramos el verdor
de los prados genuinos.

En el sur el desarrollo
ya llegó bastante tarde,
pero ha entrado en el meollo
y allí han vencido el escollo.
Ha sido todo un alarde.

Los Cristianos, Costa Adeje,
famosas playas del sur.
Las dos están en el eje,
salvándose del albur.

El agua dulce sería
problema muy importante.
Sin la genial galería
huiría el visitante.

Con ella captan las aguas
que se filtran por las rocas
y, cual sedosas enaguas,
las venden por ser muy pocas.

Gomera, de todo hay,
pero lo que es puro suyo,
algo que yo no rehúyo,
parque de Garajonay.

Capital, San Sebastián,
ciudad chiquita y coqueta.
Puede verse el cormorán
cuando la mar está quieta.

Tú la debes recorrer
antes que el tiempo la aísle.
Perentorio es conocer
por ser esto imprescindible.

No te lo pierdas, amigo,
si tú aún no la visitaste.
Aquí tienes un testigo
que te invita a desplazarte.

Sus quesos son excelentes,
primeros premios mundiales,
que aprecian todas las gentes
por ser puros y especiales.

Hay grandes acantilados
de paredes increíbles,
existen pueblos colgados
de equilibrios imposibles.

Como todas las Canarias,
esta isla un volcán tiene.
No hay medidas necesarias
porque peligro no tiene.

Fácil ir a La Gomera
europeos y africanos
de la más fácil manera,
desde el puerto Los Cristianos.

El Hierro, la más pequeña,
la que está más al oeste
y sigue siendo la enseña
de paisaje bien agreste.

Recuerda que yo antes dije
La Graciosa es la más chica,
pero no es que me desdije,
ya que esta es solo una islita.

El Hierro, tierra fértil
con un bosque de sabinas,
muchas especies marinas,
que también incluyen el kril.

De sus veleros la eslinga,
de sus costas la marisma
que da cobijo a los barcos
en el puerto La Restinga.

Poblaciones son Valverde,
Pinar del Hierro y Frontera,
y esta isla es la primera
con energía solo verde.

Toda energía que ella gasta
es completamente estable
porque ella sola se basta
con la fuerza renovable.

Y es así, de esta manera.
Tiene el honor de haber sido
reserva de la biosfera
por tenerlo merecido.

Arrostrando un gran peligro,
desafiando el arcano,
muchos fueron al exilio
al país venezolano.

Una especial devoción
profeso a esta bella tierra
y con gran satisfacción
amo yo lo que ella encierra.

Sus gentes son generosas,
te brindan lo que ellos tienen,
y es que nunca se entretienen
en contar las mariposas.

Hubo una artista importante
dominante del trapecio.
Ella brilló sin desdoro
y su trabajo yo aprecio,
la gran Pinito del Oro.

Con gran emoción recuerdo
al magnífico tenor
que fue, dicen, el mejor,
el sin par Kraus Alfredo.

Son personas laboriosas
con una gran inventiva,
viven con muy pocas cosas,
sacan partido a la vida.

Hoy viven bastante bien
gracias a la agricultura
y del turismo también.
Dejó de ser aventura,
se ha cambiado mal por bien.

De mi estancia en estas tierras
tengo un recuerdo imborrable.
Si buena puerta se abre
es porque mala se cierra.

Y a fin de yo no olvidarlo
hago un alto en el camino,
pero justo es recordarlo
al amigo Bernardino.

En el pasado cercano,
en el siglo que acabó,
el gobernante inhumano
al hermano maltrató.

Quiero aquí homenajear
a los que así decidieron,
pues casi un milagro hicieron
desalando agua del mar.

El agua ya no es problema,
solo es cuestión de filtrarla.
Pues sí, merece la pena
la del mar purificarla.

Los alisios por el norte
siguen creando la vida,
pues con su acuoso aporte
el verde crece enseguida.

Y para calentar memoria
usamos leñosos leños,
y así cierro yo esta historia
de la larga trayectoria
del grupo Los Sabandeños.

Y aquí concluye el paseo
por islas tan legendarias,
las islas que yo deseo,
las islas Afortunadas,
que en mis sueños yo las veo.

LOS SALMONETES

Es el tema que ahora viene,
asunto poco poético,
pero pienso que entretiene
y todo interés mantiene
incluso para el diabético.

De salmonetes se trata,
un pescado que me encanta.
En verano se abarata,
su escasez a mí me espanta.

Pescado azul en verano,
pero él es blanco en invierno,
un milagro que no entiendo,
es un pez rosa y cercano.

Es un pescado de roca.
Hay otro tipo, de fango.
Lo que a mí me descoloca
son su peso y su tamaño.

Hay quien dice que lo ha visto
de peso más de dos kilos.
Sobre este asunto no insisto,
pues ¿no serían cocodrilos?

Es un animal carnívoro,
se vuelve color de rosa
después de ser extraído.
Será por no ser herbívoro
o quizá por otra cosa.

Se alimenta en el fondo
de pequeños animales
y, aunque no es pez sabiondo,
se multiplica a raudales.

Los médicos lo aconsejan
por su alto contenido
en vitaminas, que dejan
a nuestro cuerpo nutrido.

También tiene omega tres,
una grasa saludable.
Es buena para el estrés,
por eso es recomendable.

Estamos en temporada,
su precio es muy aceptable,
su calidad es elevada,
comprarlo es recomendable.

Un componente excelente,
encaja en la miscelánea,
en la que llama la gente
la dieta mediterránea.

Limpiarlo es muy laborioso
por su pequeño tamaño.
Como no soy puntilloso,
yo muy bien me las apaño.

Ay, frito qué rico está,
disfruto como un enano.
Él mi hambre calmará
comiéndolo con la mano,
que es como más bueno está.

Un monumento hay que hacer
al rosado salmonete.
Yo lo quiero enaltecer,
pues tal cosa me compete
y comerlo es un placer.

¡Y cómo están a la plancha
los que pesan medio kilo!
Este pescado me engancha.
Hasta yo estando en la Mancha
en el plato lo aniquilo.

MÁS TROVO

Es el trovo, amigo Antonio,
algo tan serio y profundo
que dentro encierra un binomio,
el valor y amor del mundo.

¿Es el trovo poesía?
Los hay que dicen que sí.
Yo no le tengo manía
ni me asalta el frenesí.

En cualquier casa es el trovo
expresión tan especial
que lo escucho con arrobo,
pues es un arte el trovar.

Me emociono cuando escucho
al auténtico trovero.
El trovo es cual aguilucho
que grácil remonta el vuelo.

Mi amigo Jaime Martín

Tengo un amigo en Valencia
que bien adaptado está.
Es maño de procedencia
y lo lleva con paciencia
no poder vivir allá
aunque lo avale la ciencia.

Es padrino de mi hijo,
es mi amigo de verdad,
es como el tiempo prolijo,
tiempo que no volverá,
porque el tiempo es algo fijo.

Las paellas y las puntas,
recuerdos del Perelló
con las dos familias juntas.
Aquello ya sucedió.
Las cosas, dos, fueron juntas.

No es cierto que estemos lejos,
hoy la distancia no existe.
Lo que ocurre es que a los viejos
la pereza nos embiste
y nos llena de complejos.

ADENDA

Hoy mi amigo ya no está,
para siempre nos dejó.
Perdurará su amistad,
mas su ciclo terminó.
La vida quita y nos da.

MI AMIGO MIGUEL Y EL VINO

Ahí discrepo, mire usted,
porque el peleón no es vino.
Si lo bebe su «mercé»,
nunca encontrará el camino
aunque no sepa el porqué.

Es encomiable tu esfuerzo
a la hora de trovar.
Peleón es un mastuerzo
imposible de tragar.
Mejor vino es el del Bierzo.

Ese vino que tú dices
es más bien para vinagre
o para guisar perdices
que al calimocho consagre
en las tristes tardes grises.

Donde se ponga un Ribera,
que el de la Mancha se aparte.
Vino de aquella solera
tú hallarás en cualquier parte
por ser un vino cualquiera.

Y cierro esta discusión
por no encontrarle sentido.
Este vino es de porrón
y por muchos maldecido
por ser vino peleón.

MI AMIGO PENCHO

Amigo Pencho, te digo,
me complace tu opinión,
pero lo que yo persigo
es mantenerme al abrigo
del odio y la sinrazón.

Tener la mente ocupada
trabajando en ciertas cosas
hace que las más hermosas,
como bellas mariposas,
hagan la vida pausada.

Yo muy claro lo tenía
no plegarme a los engaños
de que el resto de mi vida
perdiera la su partida
sumida en los aledaños.

¿Y cuánto voy a durar?
La respuesta yo no tengo.
No me voy a preocupar
qué color me va a gustar,
si lo negro o lo marengo.

El deber del jubilado
es tener vida tranquila,
y si te gusta el tequila
todo está solucionado
tomando infusión de tila.

MI CEREBRO

Mientras mi cerebro pueda
no dejaré de trovar,
pues la vida que me queda
la tengo que aprovechar
sin que el alma a mí me duela.

Trovar es filosofar,
noble quehacer para el alma.
El camino es caminar,
necesario es laborar,
pero sin perder la calma.

El oro del pensamiento
es la riqueza intangible,
aunque siempre es preferible
conseguir sin aspaviento
la riqueza del humilde.

Cuando tañen las campanas
anunciando un nuevo día,
si la mañana está fría
todas las prisas son vanas,
pues es muy larga la vida.

MI HERMANO PEPE

Mi familia está en Asturias,
es la de mi hermano Pepe,
con bajas temperaturas.
Yo les deseo sin premuras
que disfruten del guateque.

Al volver a Cartagena
el cambio van a notar,
pero merece la pena
aparcar esa condena,
una semana en el mar.

Aunque el mar no esté muy cerca,
el paisaje es todo verde,
y el tiempo así no se pierde
bailando sin ton la yenka.

Disfrutando de las vacas,
de las vacas vacaciones,
allí con los asturcones.
De sus árboles tú sacas
manzanas como melones.

MIS RAÍCES

Mi querido amigo Pencho,
mis raíces navarricas
son lejanas en el tiempo,
no sé si mucho o poquicas.
No me importa, amigo Pencho.

Vinieron en Edad Media
al Campo de Cartagena
a remediar la tragedia,
que fue una cosa muy seria
y para el moro, una pena.

Murcia por esa razón
es población de mixtura
y su gente de aluvión
no hace fácil la andadura
ni lo que sería su unión.

Cartagena es otra cosa,
viene de la antigüedad
y, aunque en Murcia se la acosa,
mantiene el tipo orgullosa,
esperando la igualdad.

Pero llegará algún día,
el que todos esperamos,
que acabará esta porfía,
siendo todos como hermanos
viviendo en tierra baldía.

NAVIDAD 2018

En el trece de diciembre
tendremos celebración
en el molino de siempre,
iremos en comunión.

Con improving al completo,
podremos una vez más
el echarnos al coleto
un magnífico yantar.

Y por medio de este trovo
a todos cumple informar
que este no es un tema ex novo
que me complazca inventar.

Cuando tenga los O. K.
haré la reservación.
Es un asunto de ley
que os dé la información.

Información puntual
sobre cómo reunirnos.
Nada tendrá de especial,
porque seremos los mismos.

ODA A SEVILLA

Y debido a su extensión,
o tal vez a mi impericia,
en la anterior ocasión
he cometido una pifia,
por lo que pido perdón.

Estoy mandando de nuevo
la oda sobre Sevilla.
Mis disculpas yo renuevo
de forma humilde y sencilla,
aunque a llorar no me atrevo.

Tal vez yo tenga la culpa
y no ha sido con malicia,
pero no tengo disculpa
por semejante estulticia,
por crear esta trifulca.

Cometí varios errores,
algunos de ortografía;
por eso de mil amores
entro yo en esta porfía
que me causa mil horrores.

Ahora pondré más cuidado
al enviar la misiva.
Yo espero ser perdonado
y no gastar más saliva
por mi proceder errado.

ODA PAELLERA

Esta paella es un plato
que en levante fue creado,
con su origen en Valencia,
un milagro de la ciencia,
es un plato muy loado
preparado con paciencia.
No puede ser superado.

Hoy con placer lo cocino
para todos los presentes
y empleándome con tino
y usar buenos ingredientes.
De todo, menos tocino.

Yo no sé si los filósofos
pueden acaso comerla,
pero al no ser antropófagos
el hecho de conocerla
no nos hará más teófagos.

Hoy ya tenéis la ocasión
de probar este manjar.
Pienso que os va a gustar;
si no, apelo a la compasión
y será en otra ocasión
que la vuelva a cocinar.

La paella que yo hago
no debo calificar.
Y no es la acción de ningún mago,
solo es saber cocinar
sin causar ningún estrago.

Lo importante es la presencia
que propicia la amistad.
Puedo afirmar en conciencia
que esta feliz hermandad
ya no es mera coincidencia.

Brindemos, caros amigos,
procedamos a brindar
como felices mendigos,
sin por eso terminar
como alados picafigos.

LA SALVACIÓN DE UN PAÍS

Tal vez esto sea un poema
o quizá un trovo extendido,
pero merece la pena
por habérmelo pedido
un amigo de gran flema.

Me plantea mi amigo Fabri
la difícil papeleta
que componga una cuarteta
sobre el país de Ulibarri.

No es esta tarea fácil,
yo lo puedo asegurar,
pero lo voy a intentar
de un modo bastante grácil.

Hubo un sujeto gallego
que lo dejó bien atado,
pero este pueblo malevo
el nudo ha desbaratado.

Tiene muchos seguidores
el referido paisano
y, aunque sean los mejores,
se les ha ido de la mano.

En contra de sus deseos
arribó la democracia.
Ni a él ni a macabeos
el Borbón les hizo gracia.

Y para colmo de males
los socialistas llegaron
y figura en los anales
que en las urnas arrasaron.

Y a pesar de sus errores,
todo el país cambiaron.
Y las cosas son mejores
de como las encontraron.

Carreteras y autopistas,
nuevos puertos y aeropuertos.
Fueron personas muy listas
para desfacer entuertos.

Aceptar la democracia
fue muy duro para ellos,
pues con su golpista audacia
peligraron nuestros cuellos.

Volvieron a gobernar,
pues la gente los votaba.
Difícil de imaginar
que haya gente tan esclava.

Vinieron para salvarnos
con dudosa condición.
Consiguieron expoliarnos
con su enorme corrupción.

Es golfería tan enorme,
difícil de imaginar.
Una moral tan deforme
nadie la debe aceptar.

Por fin han sido expulsados,
dicen que por poco tiempo.
Volverán a ser votados
y cortarán nuestro aliento.

Tenemos un clavo ardiendo
en aquel noreste patrio.
El tema se está pudriendo
encaramado en el atrio.

Unos dicen que es la fuerza
la lógica solución,
y si alguien no lo endereza
será nuestra perdición.

Un problema similar
acecha en el puro norte.
Si no cerramos la brecha
esto no hay quien lo soporte.

No debo ser pesimista,
ya que Jehová nos asiste,
ni tampoco masoquista
si la situación persiste.

Mas todo no son venturas,
pues también en los primeros
hubo sus caraduras
que allí la mano metieron.

Ahora vuelven al gobierno
con alianzas oscuras,
convirtiendo en un infierno
la vida de las criaturas.

Lo que nosotros votamos
no fue que los terroristas
ataran las nuestras manos
al son de independentistas.

Ni tampoco deseamos
el que existan dos Españas,
con una nos conformamos.
Desterremos las patrañas.

Y yo en mi casa no quiero
que vengan los comunistas
con sus balas de mortero,
dándoselas de altruistas.

Yo no sé si votaré
en próximas elecciones
porque nunca aceptaré
que gobiernen los hampones.

Que los dioses nos ayuden,
no se me ocurre otra cosa.
Los problemas se diluyen
en levantando la losa.

Este trovo no pretende
decir la pura verdad,
ya que la verdad depende
de la buena voluntad.

Él consta de pinceladas
más o menos verdaderas,
pero sí que están pensadas
para personas sinceras.

Pero el país no es el mismo
que el que un día nos dejaron
sin odio ni pesimismo.
Su rumbo modificaron.

PEDREZUELA Y EL CABRITO

Hace más de dos mil años
que existe la Navidad
y todos la celebramos
en armonía y hermandad.

Hoy hemos decidido
reunirnos a comer.
A Pedrezuela hemos ido,
donde el cabrito es placer.

Seis hemos sido a la mesa,
los Fernández y Romeros,
y el cabrito hemos comido
con un placer de princesa.

Aunque somos jubilados,
lo hemos podido pagar;
y aunque sean tiempos pasados,
nunca vamos a cejar.

PENCHO Y EL CALDERO

Mi caldero, Pencho amigo,
no es lo uno ni lo otro,
pero escucha lo que digo,
atractivo es como un potro.

Si tuvieras ocasión
tú sí que podrías probarlo,
mas no le pongas limón,
pues podrías estropearlo.

Yo te puedo asegurar
que este nada desmerece.
Después de lo cocinar,
súbito desaparece.

Es solo de aficionado
el arte que yo le pongo
a este plato delicado.
No es arroz mondo y lirondo.

PUERTO DE CARTAGENA

El puerto de Cartagena
es un puerto natural
donde hacen su faena
los barcos de la alta mar.

Existe un muelle profundo
hecho en el espigón.
Se llama muelle de Curra.
Aunque no el mejor del mundo,
trabajé en su construcción.

Es el muelle que está al fondo,
donde se puede observar
que allí los barcos de guerra
suelen venir y atracar.

También vienen los cruceros,
quién nos lo iba a decir.
Vienen llenos de extranjeros
a dejarse sus dineros
para hacernos resurgir.

RARA AVIS I

Por ser un hombre de letras
o de leyes, pues concreto,
tú no utilizas las tretas
del político imperfecto.

A veces resulta caro
el perseguir lo perfecto,
pero es mejor que el descaro
de ese político abyecto.

Seguiremos navegando,
aun a contracorriente,
y la honradez cultivando
aunque le pese a la gente.

Y en esto sí que no cedo
aunque caro a mí me cueste,
pues prefiero ser un ledo
a que esta hoguera me tueste.

RARA AVIS II

Era un político honesto,
rara avis le llamaban,
y tal vez será por esto
que quede de manifiesto
que muchos de él se mofaban.

Tuvo en muchas ocasiones
la gran oportunidad
de recibir donaciones
de ostentosa cantidad.

Grandemente sospechoso
entre la ingente jauría
de ser un tipo extremoso
por su rara bonhomía.

Ella le recriminaba
el no seguir la corriente
porque siempre rechazaba
la riqueza improcedente.

Un día lo dejó por otro
con carrera más brillante,
y eso no bastó tampoco
para hacer de él un mangante.

Era el amor de su vida,
destrozó su corazón,
entendiendo él enseguida
el quid de la cruel cuestión.

Sus hijos no comprendían
por qué su padre era honrado
cuando los demás tenían
estatus de potentado.

De tanto como sufría
por su moral condición,
él tuvo la valentía
de tomar la decisión
de transitar otra vía.

Ingresó en un monasterio,
ya todo lo había dejado,
ya que fue, como Tiberio,
por los suyos desahuciado.

Y allí pudo comprobar,
y no sin gran decepción,
que en los monjes del lugar
reinaba la corrupción.

Corrupción de poca monta,
pero corrupción al cabo,
la que todo el mundo afronta
sin el menor menoscabo.

Sin saber cómo actuar,
tomó al fin la decisión
de su destino aceptar
y abrazar la rendición.

¿Y cuál es la moraleja
del cruel y crudo asunto?
Que ética y moral vieja
son, igual que una lenteja,
alimento del difunto.

ROSAS Y AMOR

Las rosas, como el amor,
son bellas y pasajeras,
pero existen otras cosas
que, como rosas hermosas,
son mucho más duraderas.

Amarás siempre al hermano,
nos dice el Libro Sagrado.
Es cosa del ser humano
no ser lascivo y malvado
y ser y bendito y cercano.

Cuando tu cuerpo flaquea
tu alma te ayudará.
Cual pájaro que aletea
tu vida entera será.

No olvides por un momento
que aquí tú de paso estás,
pues tu vida no es un cuento
y hasta tu último aliento
al débil has de ayudar.

SÁBADO BENDITO

Hoy, sábado sabadete,
día de arroces y clarete,
de pacharán y sorbete,
he preparado al instante
un arroz con bogavante
que no lo salta un jinete.

El arroz, qué gran invento.
Prepáralo como quieras.
Cocinarlo es un momento;
puede ser de mil maneras
con cierto procedimiento.

Yo solo sé unas poquitas,
pero se puede comer,
y si degustarlo evitas
me lo debo de merecer.

Una es archiconocida,
su fama es universal.
La paella consabida
es el plato nacional.

De todas formas me encanta,
pero no en el escabeche.
Él la moral me levanta,
incluso el arroz con leche.

Tan solo existe una forma
en la que el arroz yo eludo
y, saltándome la norma,
no me gusta el arroz crudo.

No es difícil cocinarlo,
lo digo con convicción.
Antes de al fuego acercarlo
requiere preparación.

Es como todo en la vida,
con la práctica se aprende,
mas hay gente que pretende
darla por archisabida.

No pretendas ser maestro
a las primeras de cambio.
Nadie nace siendo diestro,
mas siempre existe recambio.

UNAS DÉCIMAS

Es la musa del poeta
la que le da inspiración,
es geranio en la maceta
en primavera estación.
La primavera interpreta
con olorosa canción
y el poeta es el asceta
que cuando entra en acción
aplica la gran receta
que aprendió de un centurión.

Se dice amor verdadero
al que sientes por el otro,
siempre que sea amor sincero
igual que el amor primero,
desbocado como un potro.
Ese potro que nos lleva
en sus lomos a la luna,
con el brillar de una duna
que en el desierto se queda
ansiando mejor fortuna.

No es verdad que sea el amor
algo eterno en la distancia.
Tiene su dulce candor
en los años de la infancia.

Pasa el tiempo con su mano,
ella todo lo atropella,
y el amor tratando en vano
de ver al sol que destella
y en el alma deja huella,
la huella del ser humano.

Si al que trabaja en el mar
todos llaman marinero
y al que suele atesorar
se nombra por usurero,
¿por qué no pueden llamar
al que siempre quiere amar
el buen nombre de amorero?
Es que el amor en la tierra
nunca se da por entero.
El egoísmo lo entierra.

Amorero suena bien
si a los humanos se aplica.
Pero a las plantas también,
el naturista replica.
Es una nueva palabra,
llamaremos neologismo.
El diccionario consagra
lo que nace de uno mismo
y así esta nueva palabra
ya será un nuevo modismo.

Arrieros somos todos,
en la senda nos hallamos.
La vida es, de todos modos,
como nos la construyamos.
A veces nos sale bien,
pero a veces sale tuerta.
Como imparable vaivén,
parece una cosa muerta
cuando yace en el arcén
y nadie a ella se acerca.

Me encanta por la mañana
cuando el sol su rayo asoma,
acercarme a la ventana
a contemplar la paloma
que, posada en una rama,
aspira ese dulce aroma
que del rosal verde emana.
La paloma que yo veo
es blanca como la nieve
en su elegante zureo.

Verdes campos en invierno
que crecen al aire libre
en su rotar sempiterno.
Me recuerdan al jengibre
recolectado en invierno.
Con su celestial cosecha
a sus criaturas sustentan.
Campos de mies que aprovecha,
ellos son los que alimentan
a la humanidad maltrecha.

No quisiera terminar
estos versos tan someros
sin por ello mencionar
a los insectos obreros
que con su alegre libar
fecundan los limoneros,
los garbanzos y lentejas,
volando sobre las flores
que tienen bellos colores.
Sublimes son las abejas.

Hoy la musa me ha inspirado,
permitiéndome rimar,
y ahora sí que he terminado
de las palabras hilar.
Llegó a mi alma el descanso
del noble versificar,
cantando sin ser un ganso.
No es buena, tampoco pésima,
de decirlo no me canso,
pues no es cuarteta, es décima.

Vacaciones jubilares

No está el horno para bollos,
que normalmente se dice,
aunque los graves escollos
se ocultan tras lo meollos
de tanta gente infelice.

Estamos de vacaciones.
Seamos, pues, positivos.
Démosles buenas razones
a nuestros buenos amigos.

Llegar a la edad provecta
no es ninguna tontería.
Mantén la cabeza fría
sin cerrar ninguna puerta.

A toditos bien os deseo
y a las toditas también,
pues no quiero hacerle el feo
a tanta gente de bien.

VacaDenia

Ayer llegamos a Denia
después de un viaje normal,
sin nada de neurastenia.
Fue un viaje fenomenal
con del tráfico la venia.

Denia es un pueblo en la costa,
en la costa de Alicante,
con exquisita langosta
y sabroso bogavante.

Aquí muchos madrileños
tienen su segunda casa
y con sus hijos pequeños
ven cómo la vida pasa.

También son los jubilados
algunos pocos franceses,
pero muchos menos meses
permanecen aparcados.

El clima mediterráneo
es un clima muy normal,
solo que no es procedente
hacer lo que hace la gente
en temporada estival.

Cuando pasan de los treinta,
los grados ya son de más
y resulta conveniente
del Lorenzo no abusar.

La crema factor cincuenta
aconseja el dermatólogo,
pues se ha de tener en cuenta
que aquí el riego se incrementa,
como nos dice el psicólogo.

Ahora mismo estoy sentado
en la terraza de casa
y el fresquito que ahora corre
todo el calor amordaza.

Mañana arroz tomaremos
en casa de mis consuegros.
Celebran ya muchos años
su unión en tierra de enebros.

Pasado mañana, jueves,
tal y como el tiempo manda,
saldremos para Madrid
tras previamente ingerir
un sabroso arroz a banda.

Así es como transcurrió
nuestra estancia en esta villa,
y será una maravilla
decir adiós al Montgó.

VIVIENDO EN ERE

Y es que aquí nadie se salva.
La Junta de Andalucía
prevaricando a mansalva.
Dicen: «Yo nada sabía».

¿Es que no habrá nadie honrado?
¿Es que aquí todo el que puede
alguna cosa ha mangado
mientras al pueblo entretiene?

Practicamos un deporte,
irritante por demás,
el ancestral de la corte,
el deporte del tú más.

Los ERE, tan ominosos,
sirvieron para comprar
votos y amigos tramposos
para el poder conservar.

VIAJE A PORTUGAL

Prepárate, Bellotero,
para ir a Portugal.
No es este viaje el primero
que vamos a realizar.
Es preceptivo catar
el vino blanco y ligero.

El autobús va llenito,
completo de jubilados.
Válgame mi Dios bendito
si pongo en el cielo el grito,
pues de sueño van pasados.

Hemos sido afortunados,
este es un grupo aparente.
Todos son muy buena gente
y enormemente educados.

Nuestra guía es un encanto,
navarrica de Tudela.
Está curada de espanto
llevando a la clientela.

El conductor es de Huelva,
así como el autobús.
Es capaz de ir por la selva
o por el Puerto Banús.

Esta mañana temprano,
a hora de campesino,
antes que llegue el verano
partimos hacia el destino
que nos coge más a mano.

El destino es Portugal,
tenemos hotel en Braga.
Oporto visitaremos
y Vilanova de Gaia,
tierra de famosos vinos
y buenos donde los haya.

Falaremos portugués,
también inglés si hace falta;
beberemos vinho pues,
que en el estómago salta.
Quizá ya en Pentecostés
veremos torre más alta.
Vinho verde beberemos,
hecho con uvas de parra,
y alguno nos traeremos
y también lo pagaremos
porque robar no nos cuadra,
pues chorizos no seremos.

Algún libro compraré
en la Lello librería
y a España lo traeré.
Y si alguien no lo sabía,
portugués yo *falaré*.

Sobre el autor

Asensio Liarte Liarte (Cartagena, 1938). Ingeniero Técnico en Explotación de Minas, Universidad Politécnica de Cartagena (UPC). Licenciado en Filosofía, Universidad Complutense de Madrid (UCM). Escritor tardío, aficionado a la poesía desde siempre y con dos libros de poesía, incluido el presente, y una novela ya publicados.

El autor manifiesta que, aunque su afición a la poesía le viene de lejos, hace relativamente poco tiempo que se decidió a publicar sus poemas, lo que, según él, no persigue sino que su poesía sea conocida por los verdaderamente aficionados a este noble arte y, de paso, hacerlos un poco más felices y, además, por qué no, ganar adictos. Si lo consiguiera, se sentiría plenamente satisfecho.

Índice